Toyoko Matsuzaki
Natsumi Blackwell

Die Kraft der heilenden Schwingung

HADO
波動

G. Reichel Verlag

© Copyright 2005 Toyoko Matsuzaki

Amerikanischer Titel: The Healing Power of Hado

Beyond Words Publishing, Inc. Hillsboro, Oregon 97124-9808, USA

© G. Reichel Verlag, Reifenberg 85, 91365 Weilersbach, Germany

Tel. 09194-8900, Fax 09194-4262

Internet: www.reichel-verlag.de

E-Mail: info@reichel-verlag.de

Übersetzt von Arya Khademi

Das Buch ist urheberrechtlich geschützt. Jede Verwertung außerhalb der engen Grenzen des Urheberrechtsgesetzes ist ohne Zustimmung des Verlags unzulässig. Das gilt insbesondere für Vervielfältigungen, Übersetzungen, Mikroverfilmungen und Einspeicherung und Verarbeitung in elektronischen Systemen.

ISBN3-926388-75-7

Für Takaori, mein einziges Kind,
das mich zu diesem Buch inspirierte

Inhalt

EINFÜHRUNG 7

I DIE KRAFT DES HADO 23
    Was ist Hado? 24
    Wie sieht Hado aus? 25
    Quellen für Hado 29
    Wie Hado sich gegenseitig beeinflusst 37
    Die Wirkungsweise von Hado 39

II ANWENDUNGEN FÜR HADO 45
    Hado und unbelebte Objekte 46
    Wie Hado die Struktur von Materie beeinflusst 56
    Hado und Orte 59
    Hado und Hellsichtigkeit 64
    Hado und Heilung 72
    Selbstheilung 79
    Kinder und Heilung 80
    Tiere und Heilung 81
    Hado und Bestimmung 83

III BOTSCHAFTEN VON VERSTORBENEN 85
    Botschaften empfangen 87
    Was nach dem Tod geschieht 98

IV ENTWICKELN SIE IHRE HADO-KRAFT 101
    Übungen zur Entwicklung der Hado-Kraft 106
    Zusätzliche Hado-Übungen 112

V Tipps für ein gesünderes und glücklicheres Leben mit Hado 117

Stagnierende Luft in Ihrem Zuhause 118
Gutes Hado aus der Natur empfangen 120
Wie Sie Ihren Schmuck wieder zum Strahlen bringen 121
Negative Besetzungen entfernen 121
Wählen Sie Ihr neues Zuhause sorgfältig aus 123
Die Gesetze der Natur verstehen 125
Seien Sie Ihren Schutzengeln dankbar 126
Suchen Sie nach der Bedeutung von Zeichen 126
Bringen Sie Mitgefühl für andere auf 127
Mit Schwierigkeiten richtig umgehen 127

Anhang 131

Tipps für Hado-Übungsgruppen 131
Wichtig zur Erinnerung 133

Eine Botschaft der Autorin 134

DANK

Mein tief empfundener Dank gilt Cynthia Black von Beyond Words Publishing, die immer an mich glaubte und mich durch den Prozess der Veröffentlichung führte. Ich bin ihr auf ewig dankbar. Es war wundervoll, mit ihr zu arbeiten.

Mein Dank gilt auch Julie Steigerwald, die geduldig das Manuskript korrigierte. Ihre sprachlichen Fähigkeiten brachten das Buch mehr auf den Punkt und machten es so nützlicher.

Dank auch an Richard Cohn von Beyond Words, und an Rosalyn Voget Neumann für ihren Beitrag zur Korrektur des Textes.

Außerdem möchte ich all denen meine Wertschätzung aussprechen, die mich mit den richtigen Leuten in Verbindung brachten, so dass dieses Buch veröffentlicht werden konnte. Danke euch allen.

EINFÜHRUNG

波
動

Was genau ist Hado? Vielleicht kennen Sie diese Erfahrung: Sie betreten einen Raum und spüren genau, welche Stimmung in der Luft liegt, obwohl niemand ein Wort gesagt hat. Oder erinnern Sie sich noch daran, wie erleichtert und beruhigt Sie sich fühlten, als ein Freund Sie in den Arm nahm, weil Sie gerade in schlechter Stimmung waren? Wenn ja, dann haben Sie Hado aus erster Hand erlebt. Hado ist die Lebensenergie, die überall und in allem zu finden ist – und Sie können sich diese Kraft zunutze machen, um ihr Leben zu bereichern und die Welt um Sie herum zu verbessern.

Hado ist ein japanisches Wort und lässt sich mit „Wellenbewegung" oder „Schwingung" übersetzen. In Japan ist es bereits seit Jahrhunderten bekannt, doch erst in den letzten Jahrzehnten wurde es auch in der Philosophie, der Wissenschaft oder der Quantenphysik verwendet. (Vielleicht kennen Sie Dr. Masaru Emoto, ein japanischer Wissenschaftler, der u. a. die eindrucksvollen Auswirkungen von Hado auf Wasserkristalle untersucht.) Vor nicht allzu langer Zeit hat sich seine Bedeutung dann um eine spirituelle Dimension erweitert, um so das Heilungspotenzial und die transformative Kraft dieser Lebensenergie auszudrücken.

Wenn man beginnt, sich mit Hado zu beschäftigen, scheinen die Möglichkeiten schier unbegrenzt. Anfänger können beispielsweise Botschaften durch das Hado von anderen Menschen, Objekten oder Umgebungen erhalten. Fortgeschrittene können dann die Essenz physischer Materie verändern (Edelsteine und Schmuck wieder zum Funkeln bringen oder den Geschmack von Wasser verbessern), und auf der Meisterebene sind Sie schließlich in der Lage, physische Beschwerden bei sich selbst oder anderen zu heilen (durch Handauflegen oder Fernheilung), hellsichtige Fähigkeiten zu entwickeln und sogar Botschaften von Ihren Lieben zu erhalten, die bereits verstorben sind.

Ich werde Sie durch dieses Buch begleiten, während Sie mit der heilenden Kraft von Hado immer vertrauter werden. Wir beginnen mit einer Einführung in das Konzept der Hado-Energie; dann folgen Beispiele aus meinem eigenen Leben und dem Leben meiner Klienten, und dann wird es darum gehen, wie Sie mit Ihrer eigenen Hado-Kraft in Kontakt kommen können. Am Ende des Buches finden Sie schließlich Übungen und Tipps für die tägliche Praxis.

Seit mehr als zweiundzwanzig Jahren arbeite ich nun als Hado-Meisterin mit meinen Klienten, darunter Geschäftsleute, Künstler, Musiker, Ärzte, Anwälte oder *Kabuki*-Schauspieler (Kabuki ist ein traditionelles, japanisches Theater). Nach meiner Ansicht verfüge ich schon seit meiner Geburt über außergewöhnliche Hado-Kräfte, obwohl ich erst im Alter von achtunddreißig Jahren begann, das wahre Potenzial und die Bedeutung von Hado zu erkennen. Da für mich die Anwendung von Hado allerdings so selbstverständlich ist wie das Atmen, fällt es mir etwas schwer, klar und deutlich zu beschreiben, was genau ich dabei eigentlich mache. Wie bringt man jemandem bei, so zu beten wie man selbst? Daher biete ich Ihnen meine eigenen Wege und Erfahrungen, um Ihnen zu helfen, Ihre eigenen Fähigkeiten zu entdecken. Ich werde deshalb versuchen, so klar und deutlich wie möglich zu sein, aber Sie werden erkennen, dass Ihr eigener Weg einzigartig ist. Ich ermutige Sie dazu, kreativ zu sein, die eigenen Grenzen zu erforschen und herauszufinden, wohin Sie das Praktizieren von Hado führen wird.

Als professionelle Hado-Meisterin erhalte ich viele Anfragen aus ganz Japan und Taiwan; auch aus den USA kommen immer mehr Bitten um Rat auf mich zu. Da ich auch nur ein Mensch bin und natürlich nicht für alle gleichermaßen da sein kann, habe ich die Hoffnung, dass dieses Buch ein Ersatz für meine persönliche Hilfestellung sein möge, so dass jeder auf die Hado-Energie zurückgreifen kann, wenn ich in diesem Moment gerade nicht zur Verfügung stehe. Andererseits können Sie auch einfach nur mein Bild anschauen oder mich visualisieren, um mit meinem Hado in Verbindung zu kommen. Dabei spielt es keine Rolle, ob ich mich auf der anderen Seite des Globus befinde: mein Hado wird Sie erreichen, um Ihnen und Ihren Lieben Gutes zu tun.

Jetzt möchte ich Ihnen etwas aus meinem Leben erzählen, damit Sie besser verstehen, wie ich zu einer Hado-Meisterin werden konnte. Ich wuchs in Osaka, einer japanischen Großstadt, auf. Es war die Zeit nach dem Ende des 2. Weltkrieges: Japan befand sich noch unter amerikanischer Besatzung, und es war eine Zeit voller Chaos. Doch schon früh in meinem Leben hatte ich das Gefühl, dass ich eine Art hellsichtige Fähigkeit besaß. Natürlich hätte ich mir niemals träumen lassen, Hado-Meisterin zu werden oder Bücher zu schreiben, aber ich hatte immer schon sehr lebhafte Visionen, in denen ich z. B. als Erwachsene Auto fuhr oder viele verschiedene Orte besuchte. Die Menschen um mich herum lachten gewöhnlich über meine „wilden Vorstellungen", denn zu dieser Zeit waren viele Japaner bitterarm; nur Millionäre konnten sich damals ein eigenes Auto leisten. Ich spürte außerdem deutlich, dass ich später alleine leben würde.

Als ich fünfzehn Jahre alt war, nahm ich an einem Gesangswettbewerb teil. Ich war mir sicher, den ersten Preis zu gewinnen, und natürlich lachten alle wieder über meine scheinbar wilden Phantasien, aber ich erhielt den ersten Preis, so wie ich es vorausgesagt hatte. Im Jahr darauf erwartete dann jeder, dass ich wieder gewinnen würde; ich aber wusste, es würde dieses Mal anders sein. Und ich behielt Recht.

Als Teenager hatte ich oft seltsame Träume, aber eigentlich waren sie mehr als das. Sie waren eher wie Visionen, die irgendwo zwischen der realen Wirklichkeit und der Traumwelt lagen. In einer Vision stieg ein wundervoller Engel mit seinem ganzen Federkleid von einer Kutsche, die vom Himmel herabschwebte, und reichte mir seine Hände. Voller Ehrfurcht nahm ich seine Hände und hoffte, er würde mich mit in den Himmel nehmen. Stattdessen schenkte er mir nur sein sanftes Lächeln, während er meine Hände hielt. Dieser Traum war für mich so real wie die Wirklichkeit; selbst heute erinnere ich mich noch an jede Einzelheit, wie das Gesicht des Engels oder seine wunderschönen Federn. (Zu jener Zeit besuchte ich eine Highschool mit dem Namen „Federkleid-Privat-Akademie".) Als ich diesen Traum das erste Mal träumte, war ich noch jung und machte mir nicht allzu viele Gedanken über seine Bedeutung. Als er aber zum dritten Mal hintereinander erschien, begann ich zu ahnen, dass dies ein Zeichen war. Heute bin ich sicher, dass der Engel seine Hado-Energie auf mich übertrug, als er meine Hände berührte.

Kurze Zeit nach diesen Träumen fasste ich dann den Entschluss, professionellen Gesangsunterricht zu nehmen. Damals gab es eine Opernsängerin, die eine wundervolle Stimme besaß, und ich wollte so sein wie sie. Ich glaube, die Träume mit dem Engel gaben mir den zusätzlichen Schub an Selbstbewusstsein, den ich brauchte, um wirklich Gesang studieren zu können. Ich bewarb mich an einer der angesehensten Musikhochschulen in Tokyo und hatte dabei das deutliche Gefühl, die Aufnahmeprüfung mit einer sehr guten Note abschließen zu können. Ich weiß noch genau, wie ich meine Eltern anrief und mit lauter Stimme sagte: „Ich glaube, ich werde die Höchstnote bekommen!" Einer der Lehrer bekam zufällig mit, was ich sagte, und wie übermütig und vorlaut muss ich geklungen haben! Dennoch: ich bestand meine Prüfung, so wie ich es vorausgesehen hatte – mit der Bestnote.

Nach meinem Abschluss widmete ich dann als professionelle Sängerin mein ganzes Leben der Musik. Ich wurde Mitglied in einer der größten Opernkompanien Japans und trat auf vielen verschiedenen Bühnen auf. Ich liebte das Singen und lebte ein reich erfülltes Leben, und heute weiß ich, dass dieser Teil meiner Vergangenheit mit entscheidend für die Entdeckung meiner Hado-Kräfte war. Hado und Klang sind einander sehr ähnlich, denn beide bestehen aus unsichtbaren Wellenbewegungen oder Schwingungen. Man muss seine Sensibilität für Schwingungen schulen, wenn man Sänger oder Hado-Meister werden will. Ich lernte durch das Singen auch, wie man seinen Körper benutzt, um gute Töne zu erzeugen. Ich lernte beispielsweise, auf welchen Teil meines Körpers ich meine Aufmerksamkeit richten musste, wenn ich vor Publikum sang. Ich lernte, wie man atmet, wie man Sauerstoff von Kopf bis Fuß in seinem Körper zirkulieren lässt. Dies verbesserte übrigens nicht nur meine gesanglichen Fähigkeiten, sondern auch meine gesamte Körperhaltung und meine allgemeine Gesundheit. Diese Übungen gaben mir eine solide Grundlage, auf der ich dann später meine Hado-Kraft entwickeln konnte.

Ich wurde älter, doch hellsichtige Eingebungen blieben ein Teil meines Lebens. Kurz vor der Geburt meines Sohnes Takaori ging ich zu einer regelmäßigen Kontrolluntersuchung in eine Klinik, zu der meine Familie Beziehungen besaß. Dennoch hatte ich kein gutes Gefühl bei dieser Klinik und las deshalb heimlich in meiner

Patientenkartei. Zu meiner Überraschung war dort eine falsche Blutgruppe angeführt. Ich beschloss, in ein anderes Krankenhaus zu gehen, ohne irgendjemand um Rat zu fragen. Als dann die Wehen einsetzten, fragte ich eine der Krankenschwestern, ob man in diesem Krankenhaus in der Lage wäre, einen Kaiserschnitt durchzuführen. Die Schwester bejahte die Frage.

Meine Wehen dauerten lange und waren sehr schmerzvoll. Ich sagte zu einer der Schwestern, ich wolle aufgeben; sie aber antwortete nur, dass ich nicht aufhören könne, bis ich mein Baby auf die Welt gebracht hätte. Als die Wehen dann achtundvierzig Stunden andauerten, wurde der Herzschlag meines ungeborenen Kindes schwächer; die Ärzte trafen schließlich die Entscheidung, einen Kaiserschnitt vorzunehmen. Irgendwann konnte ich dann endlich meinen Sohn in den Armen halten. Ich hatte Glück gehabt, als ich mich für ein anderes Krankenhaus entschied, denn die Ärzte an dem anderen Krankenhaus konnten keinen Kaiserschnitt durchführen, und selbst wenn sie es gekonnt hätten, hätten sie mir möglicherweise Blutkonserven einer anderen Blutgruppe verabreicht.

Als die Geburt meines Sohnes vorüber war, sagte eine der Schwestern zu mir: „Sie haben mich doch vor der Geburt nach dem Kaiserschnitt gefragt. Sie müssen sicher so etwas wie eine Vorahnung gehabt haben." Ich bin mir absolut sicher, dass ich und mein Sohn von unseren Engeln beschützt wurden, damit alles ein gutes Ende nehmen konnte.

Ich war achtunddreißig, als meine Mutter einen Schlaganfall erlitt und in der Folge teilweise gelähmt war. Ich massierte sie des öfteren, um ihre Schmerzen zu lindern, doch während ich das tat, kam etwas aus den Tiefen meiner Seele an die Oberfläche – ich wusste, dass hier etwas Wunderbares geschah. Ich fuhr fort, die Arme und Beine meiner Mutter zu reiben, während ich für ihre Gesundung betete. Ich schickte ihr meine Hado-Energie, ohne es überhaupt zu merken. Und es schien seltsam, doch sprach meine Mutter davon, dass sich ihr Körper jedes Mal leichter anfühlen und wärmer werden würde, nachdem ich sie massiert hatte. Einige Zeit später waren die Lähmungserscheinungen völlig verschwunden: ich hatte ihr meine heilenden Energien – meine Hado-Kraft – geschickt und ihre Lähmungen geheilt, ohne dass ich dazu in irgendeiner Weise angeleitet worden war. Der behandelnde Arzt sagte zu mir, es sei ein wahres Wunder, dass meine Mutter bei diesen Lähmungen wieder vollständig gesund geworden sei. Auch bei späteren Untersuchungen konnten die Ärzte nie mehr einen Nachweis für eine Lähmung finden.

Nachdem meine Mutter also wie durch ein Wunder genesen war, machte ich mich daran, diese neugewonnene Heilfähigkeit zu verstehen und zu üben. Ich machte viele Fehler, während ich diese Kraft entwickelte, aber es waren Fehler, von denen ich sehr viel lernen konnte. Die Mitglieder meiner Familie waren in dieser Beziehung sehr großzügig und erlaubten mir, die Heilung mit Hado an ihren Körpern zu üben, und ich bin ihnen allen sehr, sehr dankbar. Einmal schickte ich einer Verwandten Hado-Energie in ihren entzündeten Arm. Ich musste ihr wohl zu viel Energie übermittelt haben, denn hinterher beschwerte sie sich, ihr Arm sei schwer und fühle sich unangenehm an. Da ich nicht wusste, wie ich diesen Zustand ändern sollte, entschloss sie sich, ein Bad zu nehmen. Plötzlich hörte ich sie aus dem Bad schreien: „Da kam gerade was aus meinem Ellbogen heraus!" Sie hatte etwas vor ihren Augen gesehen, dass einem Tischtennisball ähnelte und sich in ihrem Arm auf und ab bewegte. Dann schien es den Körper verlassen zu haben. Ich untersuchte ihren Arm; alles schien normal zu sein, aber sie sagte, ihr Arm sei nicht mehr so schwer. Vielleicht, so dachte ich, hatte die Hado-Energie ihren Körper durch das Gelenk verlassen.

Auf diese Weise begriff ich, dass ich „Ausgänge" für diese Energie schaffen musste. Ich tat das, indem ich Druck auf die zu behandelnden Stellen ausübte und die Hado-Energie direkt in den Körper schickte. Doch die Energie verlässt den Körper bei jedem Menschen auf eine andere Weise, abhängig von seinem Körperbau. Beispielsweise erleben manche ein Zittern in Armen und Beinen, oder haben Krämpfe im Nacken, in den Schultern oder Beinen und haben danach vielleicht Probleme zu gehen.

Die Nachricht von der Wunderheilung meiner Mutter verbreitete sich jedenfalls von Mund zu Mund, und es kamen einige Leute zu mir. Als mich dann jedoch immer mehr Verwandte und Freunde um Hilfe baten, begann ich, Hado auf intensivere Weise zu praktizieren, eigentlich so wie bei einer Ausbildung. Je häufiger ich die Hado-Energie anwendete, umso mehr Informationen erhielt ich dann auch über Klienten, die ich gar nicht kannte. Meine hellsichtigen Fähigkeiten begannen sich zu zeigen. Solche Fähigkeiten entstehen nicht in jedem Fall, wenn sich Ihre Hado-Energie entwickelt, aber bei manchen Menschen ist das so.

Bevor ich mich versah, klopften auch noch Menschen an meine Tür, die Rat bei Beziehungsproblemen suchten. So konnte ich meine hellsichtigen Fähigkeiten auf die gleiche Weise ausbilden wie meine Hado-Energie. Nach einiger Zeit entwickelte ich weitere neue Anwendungen der Hado-Energie, z. B. die Grundstruktur physischer Objekte zu verändern oder mit Verstorbenen Kontakt aufzunehmen.

Ich glaube, ich habe meine Hado-Kräfte von meinen Eltern geerbt. Sie können Ihre Fähigkeiten aber auch durch Übung entwickeln und manchmal übersteigen sie diejenigen, die ihre Kraft von den Eltern bekommen haben. Meine Familiengeschichte gibt mir allerdings Grund zu der Annahme, dass ich meine Hado-Kräfte geerbt habe. Die Familie meiner Mutter besaß eine Baumwollspinnerei in Osaka. Meine Mutter war noch jung, als sie eines Nachts ein ungutes Gefühl wegen einer Lagerhalle beschlich. Sie konnte nicht einschlafen und ging daher kurz entschlossen mitten in der Nacht zu der Fabrik, um einen Feuerlöscher vor die Tür des Lagerhauses zu legen. Am nächsten Tag brach dort tatsächlich ein Feuer aus, und dank des Feuerlöschers gab es nur geringe Schäden. Ein anderes Mal hatte sie ein ungutes Gefühl und schaute durch ein Loch in der Mauer in das Innere der Fabrik. Dabei beobachtete sie einen der Leiter der Fabrik, wie er einige Textilien in seine Taschen stopfte. Sie berichtete dies ihrem Vater, doch er schimpfte sie aus und sagte, sie solle niemanden als Dieb bezeichnen. Sie aber rannte zurück zu dem Mann, hielt ihn an den Toren der Fabrik auf und bat einen der Angestellten, seine Taschen zu durchsuchen. So konnte entdeckt werden, dass der Manager eine große Zahl Textilien gestohlen hatte.

Takaori, mein kürzlich verstorbener Sohn, besaß mehr Hado-Energie als ich. Ich lernte sehr vieles von ihm und wäre ohne ihn nicht in der Lage gewesen, die Hado-Kraft und die Gesetze der Natur in dieser grundlegenden Weise zu verstehen. Als Takaori noch klein war, liebte er es, seinen Großvater beim *Pachinko-Spielen* (Pachinko ist ein japanisches Glücksspiel, ähnlich dem Flippern) zu begleiten. Bevor sie gingen, sagte mein Sohn mir oft, sie bräuchten kein Abendessen, denn sie würden außerhalb essen gehen. In der Spielhalle zeigte Takaori dann auf einen bestimmten Automaten und flüsterte: „Großvater, ich glaube, hier kannst du den Jackpot gewinnen. Mein Vater folgte stets seinem Rat, denn mein Sohn hatte immer Recht. Nachdem sie dann etwas Geld gewonnen hatten, gingen sie in Takaoris Lieblingsrestaurant, ein Steakhaus, dass sich in der Nähe unseres Zuhauses befand. Solche hellsichtigen Fähigkeiten lassen sich normalerweise nicht für Glücksspiele einsetzen; ich vermute, dass es bei Takaori funktionierte, weil er noch so jung und unschuldig war und einfach nur seine Lieblingsspeise mit seinem Großvater essen wollte.

Takaori liebte Autos und träumte davon, eines Tages ein professioneller Rennfahrer zu sein, und so beschloss er eines Tages, eine Berufsschule zu besuchen und Automechaniker zu werden. Er entschied sich für die angesehenste und strengste Schule in Japan. Schüler, die eine Prüfung während eines Semesters nicht bestanden, mussten die Schule verlassen. Vor einer Prüfung bat mich Takaori gewöhnlich, ihm meine Hado-Energie zu schicken. Einmal berichtete er, wie er sich während einer Prüfung nicht an eine bestimmte Formel erinnern konnte. Er dachte an mich und bat mich um Unterstützung: plötzlich hatte er eine Vision, in der er die Formel wie auf einem Bildschirm sehen konnte, und bestand so die Prüfung. Damals dachte ich, er hätte alles ein wenig übertrieben, um mir eine Freude zu machen, aber einige Zeit später bat mich eine meiner Gesangsschülerinnen, ihr vor einer Prüfung Hado-Energie zu schicken. Auch sie berichtete hinterher davon, dass die Antwort auf eine schwierige Frage vor ihr wie auf einem Bildschirm auftauchte, als sie an mich dachte und mich um Hilfe bat. Ich war so begeistert, als ich davon hörte, dass ich meinem Sohn bei seiner nächsten Prüfung ein bisschen zu viel Energie schickte. Er rief mich hinterher an und beschwerte sich darüber, dass sein Körper sich anfühlte, als würde er über dem Stuhl schweben, und er sich nur mit großer Mühe konzentrieren konnte.

Takaori besaß außergewöhnliche hellsichtige Fähigkeiten. Einmal hatte ich mein Portemonnaie verloren. Ich war gerade dabei, die Kreditkartenfirma anzurufen, um den Verlust der Karte zu melden, als mein Sohn zu mir sagte: „Mutter, du brauchst da nicht anzurufen. Ich weiß, wo dein Portemonnaie ist. Auf dem Heimweg hast du auf dem Parkplatz eines Restaurants angehalten, ungefähr zehn Meilen von hier entfernt, nicht wahr? Dein Portemonnaie befindet sich immer noch dort." Wir fuhren gemeinsam zu diesem Restaurant, und sobald wir geparkt hatten, stieg er aus und lief zu einem kleinen Fluss direkt neben dem Parkplatz und kam mit meiner

Geldbörse zurück. Er sagte, er hätte sie vorher in einer Vision am Fluss liegen sehen.

Als Takaori sechsundzwanzig Jahre alt war, wurde ich eines Nachts durch die Art von Telefonanruf aus dem Schlaf gerissen, vor dem sich wohl alle Eltern fürchten. Takaori war am Apparat und rief mich an, um mir mitzuteilen, dass er einen Unfall gehabt hätte. Dann sagte er: „Bitte mache dir keine Sorgen um mich. Es geht mir gut. Ich bin jetzt in Sicherheit. Ich war mit dem Motorrad auf dem Weg nach Hause, als ich von einem Geländewagen angefahren wurde."

Ich fuhr sofort in das Krankenhaus, in dem er behandelt wurde. Die anwesenden Polizisten erklärten mir, der Fahrer des Geländewagens hätte eine Ampel missachtet und sei dann mit ihm zusammengestoßen. Es grenzte an ein Wunder, dass ihm nichts geschehen war. Nach Takaoris Worten wurde er, als er nach dem Zusammenprall in die Luft geschleudert wurde, von irgendjemandem vor Verletzungen bewahrt. Wir beide spürten, dass es sein verstorbener Lieblingsgroßvater gewesen war. Ich dankte meinem Vater, dass er meinen Sohn vor großem Unheil bewahrt hatte. Durch diese Erfahrung begriff ich, dass die Geister der Verstorbenen bei ihren Lieben verbleiben, um sie zu beschützen, wann immer dies möglich ist.

Dieses Ereignis war jedoch nur ein Vorzeichen für die wirkliche Tragödie, die noch kommen sollte. Genau ein Jahr nach dem Motorradunfall wusch ich abends meine Haare und legte sie zurecht, bevor ich ins Bett ging; ich hatte das Gefühl, auf etwas vorbereitet sein zu müssen, dass geschehen würde. Wieder erhielt ich mitten in der Nacht einen Anruf. Diesmal war es die Polizei: mein Sohn war bei einem Autounfall getötet worden. Am nächsten Morgen erhielt ich mit der Post ein Magazin über Autorennsport, in dem über meinen Sohn berichtet wurde. In dem Artikel hieß es, Takaori werde im nächsten Monat sein Debüt als professioneller Rennfahrer auf der Rennstrecke von Suzuka geben.

Es ist unmöglich, den Schmerz einer Mutter zu beschreiben, die ihr einziges Kind verloren hat. Nach dem Unfall hatte ich das Gefühl, vor Schmerz verrückt zu werden, und lange Zeit litt ich furchtbare Qualen. Ich dachte: „Wäre ich doch nur an seiner Stelle gewesen. Wie soll ich jetzt ohne ihn leben?" Dann spürte ich ein starkes Bedürfnis, etwas über die letzten Momente seines Lebens zu erfahren. Ich ging zu dem Krankenhaus, um Takaoris Freund zu besuchen, der das Auto gefahren und den Unfall mit einem gebrochenen Bein überlebt hatte. Er erzählte mir von seiner außergewöhnlichen Erfahrung, die er einige Nächte zuvor gehabt hatte. In jener Nacht konnte er nicht einschlafen; er verließ das Zimmer, um in der Lobby Fernsehen zu gucken. Plötzlich verschwand das Bild und er spürte eine Kälte im Raum – die Gegenwart meines Sohnes. Er begriff sofort, dass mein Sohn gekommen war, um nachzusehen, ob mit ihm alles in Ordnung sei, denn Takaori hatte ein sehr großes Herz für alle gehabt. Der Freund meines Sohnes konnte nicht mehr aufhören zu weinen. Er war sehr tief berührt, denn mein Sohn hatte ihm nicht nur vergeben, sondern machte sich sogar Sorgen um ihn und seine Schuldgefühle wegen des Unfalls. Dieser junge Mann hatte nie zuvor die Gegenwart einer verstorbenen Person gespürt, glaubte aber jetzt vollkommen an ein Leben nach dem Tod.

Als ich diese Geschichte hörte, brach ich in Tränen aus. Es war nicht einfach für mich, aber ich traf den festen Entschluss, diesem Menschen zu vergeben, so wie Takaori es getan hatte, und ihn wie meinen eigenen Sohn zu behandeln. Ich glaube, dass dies Takaoris Wunsch war. Auch ich spürte seine Gegenwart; er sagte mir, ich würde das Richtige tun.

Noch Jahre nach Takaoris Tod fühlte ich mich leer, so als könne ich nie wieder lachen oder glücklich sein. Dann erschien mein Sohn mir eines Nachts im Traum. Er musste sehr besorgt um mich gewesen sein, denn ich war durch den Verlust bereits lange Zeit wie am Boden zerstört. Er sagte: „Mutter, sorge dich bitte nicht um mich. Mir geht es gut. Arbeite bitte hart an deinen Heilungsenergien und hilf noch mehr Menschen, die leiden. Ich habe dein Lächeln so sehr geliebt, wenn du Leuten in Not geholfen hast."

Als ich erwachte, sah ich einen kleinen Lichtstrahl und die Worte *Kokoro no Orion* (Den Klang des Herzens weben) vor meinem geistigen Auge. Ich nutzte meine hellsichtigen Fähigkeiten zusammen mit der Hado-Energie und hatte die Vision eines Büchleins, das diesen Titel trug. Als Reaktion auf diese Vision schrieb ich ein kleines Buch darüber, wie ich mit Hilfe meiner Hado-Kräfte die Probleme meiner Klienten gelöst hatte, wie das Heilen von Krankheiten oder die Weitergabe von Botschaften Verstorbener. Zu meiner Überraschung wurden ohne jede Werbung in kurzer Zeit viele Exemplare verkauft. Ich erhielt viele Anrufe von meinen Lesern und reiste überall in Japan umher, um den Menschen bei der Lösung ihrer Probleme zu helfen. Ich erlebte viele Wunder, und ich weiß, dass es ein kostbares Geschenk meines Sohnes war.

Nach meinem Traum spürte ich, dass es an der Zeit war, wieder mein Leben zu leben. Es war das Schicksal meines Sohnes gewesen – seine Zeit zu gehen war gekommen. Es war nicht leicht, diese Tragödie zu akzeptieren, aber ich wusste, er hatte sein Leben bis zum Äußersten gelebt. Ich musste weitergehen. Glücklicherweise hatte ich – und habe sie immer noch – eine Aufgabe als Hado-Meisterin zu erfüllen und vielen Menschen zu helfen.

Das wahre Geschenk meines Sohnes besteht darin, in der Lage zu sein, Menschen überall auf der Welt erreichen und ihnen Hado und die Gesetze der Natur vermitteln zu können. Als ich begann, dieses Buch zu schreiben, das Sie jetzt in Ihren Händen halten, spürte ich einen seltsamen Schmerz in meinem Magen und fragte mich nach seiner Ursache. Dann spürte ich, wie sehr dieser Schmerz den Kontraktionen ähnelte, die ich während der Geburt von Takaori erlebt hatte. Jetzt war ich wieder dabei, zu gebären – diesmal das Buch meines Sohnes – sein Geschenk. Ich hatte das deutliche Gefühl, dass die richtige Zeit gekommen war, um mit der Arbeit an diesem erweiterten Buch über Hado zu beginnen. Ich spürte den Geist meines Sohnes direkt an meiner Seite, und er sagte: „Ja, Mutter, die Zeit ist gekommen. Beginne zu schreiben."

I

DIE KRAFT DES HADO

波動

WAS IST HADO?

Die traditionelle chinesische Medizin und Philosophie behaupten seit langem, dass von allem Energie, oder *Qi* (Chi), ausgeht. Seit einiger Zeit wird nun in der spirituellen Bewegung Japans das Wort Hado verwendet, um eine ganz bestimmte Form der Lebenskraft zu beschreiben, denn *Qi* kann sehr viele unterschiedliche Bedeutungen haben, etwa „Luft", „Emotion" oder „Gefühle". Hado ist eindeutig und steht für „Wellenbewegung" oder „Schwingung".

Für mich ist Hado weit mehr; für mich ist es die einzig wirkliche energetische Grundlage unserer Welt. Hado ist einfach überall. Es ist in Ihrem Haus, Ihrem Büro, Ihren Pflanzen und in Ihrem Wasser, sogar in Ihrem Computer. Während es sich bewegt, ist es sehr aktiv und füllt sämtliche leeren Räume aus. Alles – Sie selbst, Ihre Haustiere, die Blumen in Ihrem Garten oder die Teetasse auf Ihrem Schreibtisch – ist wie eine Antenne, die Hado empfängt. Nachdem es im Körper oder in einem anderen Objekt oder Material zirkuliert hat, kehrt es wieder zurück zu Mutter Natur.

Hado enthält enorme Mengen an Information. Das Hado von Menschen (was ich oft als „Hado-Energie" bezeichne), ist z. B. wie eine Art Tagebuch oder Krankenblatt. Es sagt Ihnen etwas über die Gefühle, den Gesundheitszustand, die Vergangenheit und sogar Zukunft der betreffenden Person. Auch das Hado, das von unbelebten Objekten ausgeht, wird Ihnen etwas über die Besitzer der Gegenstände und ihren physischen und psychischen Zustand usw. sagen können. Wenn Hado dagegen bewusst mit einer bestimmten Absicht freigesetzt wird, z. B., um Menschen zu heilen, nenne ich es „Hado-Kraft".

Vielleicht sagen Sie an dieser Stelle: „Hado ist doch sicher nur ein anderes Wort für Aura, nicht wahr?" In gewisser Hinsicht ähneln sich die Konzepte auch. Auch die Aura strahlt von einem Menschen aus und hält Informationen über ihn bereit. Ihrem Wesen nach ist sie allerdings weich und bleibt um den Körper herum bestehen, während Hado stark und aktiv ist und sich ständig bewegt. Und niemand käme auf die Idee, eine Aura zu senden oder freizusetzen, während Sie Hado etwas oder jemandem mit einer bestimmten Absicht senden können, wenn Sie erst einmal verstanden haben, wie Sie damit umgehen müssen.

Hado ist auch in der Lage, die Struktur materieller und immaterieller Objekte zu verändern. Sie können mit Hilfe von Hado den Geschmack Ihres Essens verbessern oder Wunden heilen; Hado kann aber auch das Wesen eines Menschen verändern, so dass z. B. eine strenge oder aggressive Persönlichkeit sanftere Züge annimmt.

WIE SIEHT HADO AUS?

Hado wird von jedem Menschen anders wahrgenommen. Entweder durch eine äußerlich sichtbare Erscheinung, oder durch Dichte, Temperatur oder sogar durch einen Geruch. Wenn ich Hado sehe, erscheint es mir wie ein Schneetreiben in den blassen Farben von Gelb, Rosa und Blau. Ist die Energie besonders stark, sehe ich sie in allen Regenbogenfarben, etwa so wie bei einer Seifenblase. Ihre persönliche Wahrnehmung muss aber nicht mit meiner übereinstimmen.

Hado besitzt stets eine charakteristische Dichte oder Schwere. Manchmal ist es sehr leicht und angenehm, ein anderes Mal fühlt es sich dagegen schwer und drückend an. Vielleicht haben Sie es schon einmal erlebt? Sie besuchen einen Freund und beim Betreten seines Hauses bzw. seiner Wohnung spüren Sie eine Schwere in der Luft, etwas Niederdrückendes. Es ist das Hado, das von dem Haus oder der Wohnung ausgeht. In vielen Sprachen existieren Begriffe, die das Wort „schwer" enthalten, und meiner Meinung nach wissen viele Menschen intuitiv, wie dicht und schwer die sie umgebende Luft ist. In ähnlicher Weise kennen viele Kulturen Begriffe, in denen Dunkelheit, Schatten und die Farbe Schwarz eine Rolle spielen, um damit etwas Negatives zu umschreiben. Wenn wir auf japanisch jemanden beschreiben wollen, der schlechte Absichten hat, sagen wir, dass er einen „schwarzen Magen" hat. Hellsichtige, ob in Europa oder im fernen Osten, nehmen den gleichen schwarzen Schatten wahr.

Für mich heißt das, dass wir trotz unserer unterschiedlichen Kulturen übereinstimmende Erfahrungen besitzen und die Wahrnehmung von Hado überall dieselbe ist. Wenn Menschen Ausdrücke wie „warmherzig" oder „kaltherzig" usw. benutzen, heißt das für mich, dass sie die Temperatur von Hado wahrnehmen können. Ich selbst kann regelrecht spüren, wie die Temperatur fällt oder steigt, wenn ich ein bestimmtes Hado wahrnehme.

Die Energie eines Ortes ändert sich Tag für Tag, genauso wie das Wetter, da das Hado zirkuliert und immer in Bewegung ist. Einer meiner Klienten, dem ich beibrachte, wie man die Dichte von Hado wahrnimmt, rief mich nach einer Sitzung aus seinem Büro an und sagte: „Heute stimmt etwas nicht im Büro. Ich glaube, eine meiner Sekretärinnen hasst mich. Ich nehme ein seltsames Hado um sie herum wahr."

Ich gebrauchte meine hellsichtigen Kräfte zusammen mit Hado und sagte dann zu ihm: „Niemand hasst Sie in ihrem Büro, Ken. Einer Ihrer Angestellten ist letzte Nacht privat etwas zugestoßen, deshalb ist sie heute unglücklich und strahlt ein schwereres Hado aus als sonst. Vorher konnten Sie den Unterschied nicht spüren, aber jetzt sind Sie schon sehr sensibel für Hado geworden. Von nun an werden Sie alle Dinge auf eine andere Weise wahrnehmen. Willkommen in einer neuen Welt."

Sayuri ist meine Web-Administratorin. Als sie mit der Gestaltung meiner Website beschäftigt war, versuchte sie mehrfach, mein Buch und ein Foto von mir zu scannen. Die Ergebnisse blieben allerdings unbefriedigend, denn jedesmal waren um meinen Kopf und um das Buch herum blasse gelb- und rosafarbene, horizontale Streifen zu sehen. Sayuri vermutete, dass irgendetwas mit dem Gerät nicht in Ordnung sei, also ließ sie das Ganze erst einmal auf sich beruhen. Einige Tage später scannte sie problemlos einige Fotos anderer Leute und versuchte es daher noch einmal mit meinen Sachen. Doch zu ihrer Überraschung erschienen wieder die gleichen gelbrosafarbenen Streifen. Sogar der Scanner, so schien es, war in der Lage, das Hado aufzunehmen, das ich ununterbrochen aussende. Außerdem nehme ich an, dass etwas von meinem Hado auf Sayuri übertragen wurde, da sie bereits längere Zeit an meinem Buch arbeitete, was dann zu diesem Vorfall führte.

Die gescannten Fotos sollten an diesem Tag fertig sein, und Sayuri beschloss, etwas zu versuchen, das sie bei mir gesehen hatte, wenn ich Hado bei meinen Klienten anwendete. Sie legte ihre Hand auf den Scanner und sagte: „Bitte hilf mir und lasse mich ein paar gute Scans machen, ich habe keine Zeit mehr." Dann startete sie noch einen Versuch – und siehe da, diesmal waren die Ergebnisse perfekt: der Himmel über meinem Kopf zeigte ein strahlendes Blau. Vor dieser Erfahrung war Sayuri von der Existenz von Hado nicht wirklich überzeugt gewesen; jetzt aber glaubt sie fest daran, dass es etwas in dieser Welt gibt, das sie nicht sehen kann.

Aufgrund seiner beweglichen Natur verändert Hado ständig sein Erscheinungsbild. Wenn Menschen glücklich oder guter Laune sind, strahlen sie ein angenehmes und leichtes Hado aus. Wenn ich es aufnehme, fühlt es sich so an, als würde ich reinen Sauerstoff einatmen. Ist jemand traurig oder krank, ist sein Hado schwer. Manchmal kann ich diese Schwere kaum ertragen und halte sie dann von mir fern. Bei Ärger oder Wut verlässt das Hado den Körper wie Dampf, der aus einem Teekessel strömt. Sie wissen vielleicht, wovon ich spreche, wenn Sie Menschen beobachtet haben, die, nachdem sie wütend geworden waren, keine Kraft mehr besaßen. Hier handelt es sich um freigesetzte Lebensenergie; in so einem Fall versuche ich, diese zusätzliche Energie aufzufangen und zu meinem Vorteil zu nutzen. Sie werden sich allerdings noch energetischer aufgeladen fühlen, wenn Sie die Energie direkt aus der Quelle empfangen.

QUELLEN FÜR HADO

Da Hado überall und in allem zu finden ist, werden Sie feststellen, dass so gut wie alles Energie aussendet und diese Energie dabei so unterschiedlich ist wie ihr Ursprung. Grundsätzlich haben alle Menschen den gleichen Zugang zur Hado-Kraft. Das Ausmaß an Energie, das jeder Einzelne aussenden wird, variert naturgemäß, da das Hado durch die unterschiedlichsten Körper wandert. Menschen, die physisch und geistig gesund sind, strahlen gewöhnlich ein stärkeres Hado aus, während kranke Menschen nur wenig Hado aussenden können. Es scheint so, als seien die inneren Abläufe des Körpers geschwächt oder sogar unterbrochen, was einen schwächeren Körper zur Folge hat. Doch selbst wenn Ihr Hado am Anfang nicht so kraftvoll sein sollte, können Sie es mit Hilfe der in Kapitel 4 beschriebenen Übungen verstärken.

Kinder strahlen ein sehr angenehmes und reines Hado aus. Früher habe ich Begegnungen mit Kindern auf der Straße gemieden, denn Kinder können wirklich sehr, sehr viel Lärm machen. Eines Tages entdeckte ich aber, dass ihr Hado eine ziemlich beruhigende Wirkung besitzt. Jetzt gehe ich verstärkt auf Kinder zu und profitiere von ihnen, denn reines und angenehmes Hado besitzt eine sehr starke Heilungskraft. Das mag auch der Grund sein, warum gerade ältere Menschen gerne Zeit mit kleinen Kindern verbringen. Sie wissen wohl aus Erfahrung, dass sie sich besser fühlen, wenn sie mit Kindern zusammen sind.

Tiere sind eher Empfänger von Hado, als dass sie selbst welches aussenden, und sie reagieren sehr sensibel auf diese Energie. Wenn ich Klienten besuche, wundern sich einige von ihnen, wenn ihre Tiere zu mir kommen und in meiner Nähe bleiben. Oft heißt es dann: „Das ist seltsam. Meine Katze geht niemals zu unbekannten Menschen. Normalerweise versteckt sie sich im Schlafzimmer, wenn Besuch kommt." Tiere spüren und genießen meine Hado-Energie. Sie schließen sogar leicht die Augen, was zeigt, dass sie vollkommen entspannt sind. Das Hado von jungen und gesunden Tieren ist gewöhnlich angenehm, ähnlich dem Hado von Kindern. Es ist sinnvoll, wenn ältere oder kranke Menschen Haustiere zu therapeutischen Zwecken bekommen oder einfach gesunde Tiere bei sich zu Hause haben.

Auch Verstorbene können Hado aussenden. Dies geschieht über Worte, was ihre Möglichkeit zur Kommunikation mit den Lebenden ist. Oft tauchen Verstorbene bei meinen Sitzungen mit Klienten auf und bitten mich, ihre Botschaften zu übermitteln. Wenn meine Klienten die Botschaft dann richtig verstehen, spüren wir oft einen Kälteschauer oder bekommen eine Gänsehaut. Menschen aus der geistigen Welt strahlen ein kaltes Hado aus, wenn sie sich freuen. Es kann aber auch geschehen, dass Klienten spüren, wie ein warmes Gefühl aus der Tiefe ihres Herzens aufsteigt und sie das Bedürfnis empfinden zu weinen, ohne zu wissen, warum. Auch das bedeutet, dass sie die Botschaft der Verstorbenen richtig verstanden haben und für diese dann Freudentränen vergießen.

Ich bin der festen Überzeugung, dass bedeutende religiöse Führer wie Moses, Buddha, Mohammed oder Jesus sehr starke Hado-Kräfte besaßen. Doch sie verfügten nicht nur über die nötige Macht, sondern besaßen auch das entsprechende Verständnis, was ihnen die Möglichkeit gab, Wunder zu bewirken. Ohne ein klares Verständnis von Hado kann niemand die Wahrheit dieses Universums begreifen, so wie es diese religiösen Führer demonstrierten. In früheren Zeiten war außerdem die Luftverschmutzung bei weitem nicht so stark wie heute; das Hado war dadurch wesentlich stärker, weil es sehr viel reiner war. Da diese religiösen Führer ihr Hado von Mutter Natur bekamen, stelle ich mir vor, dass sie sprichwörtlich alles tun konnten: Berge versetzen, über Wasser wandeln oder Kranke heilen, wie es in den vielen Geschichten über sie zu lesen ist. Die Kraft von Hado scheint schwächer zu werden, wenn die Luft verschmutzt ist. Es liegt nahe, dass Sie wesentlich mehr von Hado profitieren können, wenn Sie sich in reiner Luft anstatt in großen Städten mit einer hohen Luftverschmutzung aufhalten.

Die Natur strahlt sehr unterschiedliche Hado-Energie aus. Kleine Pflanzen und Blumen besitzen nur ein schwaches, während große und alte Bäume sehr starkes Hado aussenden, das heilende Kräfte hat. Überhaupt sind Wälder eine großartige Quelle von Hado. Die vereinten Kräfte der Bäume wirken auf unsere Körper ein, um uns zu heilen. Auch das Meer strahlt sehr viel Hado aus, das in unseren

Körpern eine direkte Resonanz erzeugt. Da ursprünglich alles Leben aus dem Meer stammt und die Konzentration von Salz in unserem Blut genau der Konzentration von Salz im Meerwasser entspricht, ist das vielleicht eine Erklärung dafür, warum wir uns so sehr vom Meer angezogen fühlen, wenn wir uns erholen und unsere Kräfte erneuern wollen.

Flüsse und Seen geben auch starke Hado-Energie ab, wobei das von Flüssen stärker ist. Fließendes Wasser besitzt mehr Beweglichkeit, was die Kraft von Hado verstärkt. Das Hado der Sonne ist sehr kraftvoll, ebenso das der Erde. Das Hado der Erde nährt Pflanzen, Bäume, Blumen und alles andere Leben. Es ist nicht verwunderlich, dass Menschen, die auf Bauernhöfen oder in Gärtnereien arbeiten, oft gesund und herzlich sind; der tägliche Kontakt mit der Erde ist sehr gut für die Lebenskraft.

Auch Häuser haben Hado, das sich aus dem gemeinsamen Hado aller Hausbewohner zusammensetzt. Sobald jemand neu einzieht, verändert sich die Energie. Die Unterschiede entstehen, weil jeder Bewohner mit seiner persönlichen Energie ununterbrochen auf das Haus einwirkt. Daher wird ein Haus mit glücklichen Bewohnern ein leichtes und angenehmes Hado ausströmen, während Häuser, in denen traurige Menschen wohnen, ein schweres Hado verbreiten.

Städte besitzen ihr eigenes, charakteristisches Hado. Das können Sie allerdings verbessern. Zuerst stellen Sie sich auf das Hado der Stadt ein und sollten Sie feststellen, dass Sie in einer Stadt mit schlechtem Hado leben, fokussieren Sie danach Ihr eigenes. Indem

Sie nun das Hado Ihrer Umgebung verstärken, z. B. bei sich zu Hause oder im Büro, können Sie Verbesserung erzielen.

Jeder Mensch nimmt Hado anders wahr. Ich gebe Ihnen nun meine Eindrücke verschiedener Großstädte wieder. Sie entstanden, als ein Freund mich nach dem Hado dieser Städte fragte, von denen ich die meisten bisher noch nicht besucht habe. (Bitte erinnern Sie sich, dass das Hado sich so wie das Wetter dauernd verändert. Sollten Sie einige der folgenden Kommentare als negativ empfinden, denken Sie bitte daran, dass eine Stadt nicht die ganze Zeit über die gleiche Energiequalität aufweist.)

Das Hado von New York war sehr kräftig und aktiv. Es ist sogar mitten in der Nacht noch in Bewegung, während das Hado in den Städten entlang des Hudson River auf der anderen Seite in New Jersey eher entspannend ist.

Washington, D. C., besaß ein sehr komplexes Hado. Ich spürte, wie die unterste Schicht des Hado sehr sauber und rein gehalten wurde, doch die oberste Schicht war sehr dicht.

Im Gegensatz dazu war in Los Angeles das Hado in der untersten Schicht sehr dicht, besaß dafür aber ein sauberes und leichtes Hado in der Höhe.

Portland, Oregon, war erfüllt von wunderschönem Hado aus der Natur (etwa von Wäldern und Flüssen). Miami strahlte ein stickiges und feuchtes Hado aus. Ich spürte außerdem, dass Menschen nach Mitternacht auf den Straßen unterwegs waren, die nach Alkohol rochen.

San Francisco besaß ein schweres Hado durch viele Wolken, trübes Wasser und träge Bewegungen. Denver strahlte ein dunkles Hado aus. Ich sah auch Verbrechen. Der Schnee wirkte, als wäre er gefärbt; es herrschte auch eine große Kluft zwischen Arm und Reich.

In Seattle war das Hado unklar und stand still. Im Vergleich zu anderen Städten war hier die Luft viel schwächer, so als ob sich die Stadt im Innern eines Ballons befinden würde. (Man kann das für die Einwohner als eine gute Sache empfinden, denn so kann man dort leben, ohne allzu sehr von irgendwelchen Dingen beeinflusst zu werden.)

In Boston war das Hado wieder sehr viel schwerer und düsterer. Ich sah Bilder von Gebäuden und aus der Geschichte der Stadt. Die Menschen fühlten sich durch diese Geschichte und das schwere Hado eingeengt.

In Dallas spürte ich eine Vielfalt an Menschen, aber das Leben in dieser Stadt war nicht leicht. Im Vergleich zu anderen Städten war das Hado hier sehr viel dunkler.

In Atlanta war die Energie auf gewisse Weise locker und leichtfertig. Ich sah Bilder von Arbeitern, aber die Dinge blieben halbfertig stehen. Atlanta schien fast wie ein eigenes Land innerhalb Amerikas zu sein.

Auch jede Nation besitzt ein eigenes, typisches Hado. Nach meinem Empfinden war das Hado in den USA dynamisch und aktiv. Ich spürte, wie überall die Menschen in Bewegung waren, selbst in den ländlichen Gebieten. (Was höchstwahrscheinlich damit zu tun hat, dass das Land so groß ist und die Menschen einen großen Raum zur Verfügung haben, in dem sie sich bewegen können.)

Deutschland besaß ein Hado der Geschichte, Genügsamkeit, Strenge und der hohen Bäume. Als ich das Hado von Berlin wahrnahm, spürte ich, dass die Erde hart war. Ich fragte mich, ob dies mit den Gedanken der Menschen zu tun hatte, die dort leben. Die Luft fühlte sich dagegen nicht sehr kalt an. Die Menschen hier sind sehr an die Geschichte gebunden, und alles geschieht in einer präzisen Abfolge. Das Äußere wirkt sehr elegant, doch das Innere ist sehr einfach und bescheiden.

Die Bilder, die bei Frankfurt auftauchen, zeigen Menschen, die miteinander an einem Tisch sitzen. Ich nehme Aspekte wie Unterhaltung, Essen und die Bewegung der Luft wahr. Die Menschen in dieser Stadt sind entspannt und haben Spaß im Alltag. Verglichen mit Berlin gibt es hier weniger Härte.

In München spürte ich, dass die Menschen ein ziemlich normales Leben führen. Die Erde fühlte sich hier wesentlich leichter an als in Berlin; der Unterschied war wirklich erstaunlich. Es gibt ein deutliches Empfinden für die Geschichte, und sehr wenig Bewegung in der Luft.

Wenn ich Deutschland mit den USA vergleiche, fühlt sich die Erde in Amerika so dunkel und weich an, dass man sie regelrecht schlammig nennen könnte. Das sagt mir, dass die Menschen hier nicht an Geschichte gebunden sind – sie erschaffen ihre Geschichte im „Hier und Jetzt". Mit anderen Worten, Amerikaner sind gewissermaßen noch jung und besitzen noch keine charakteristischen nationalen Eigenschaften. Sie sind fähig, heute etwas völlig anderes zu tun als gestern, und ihr nächster Schritt lässt sich nicht vorhersagen. Die Luft scheint sich hier sehr schnell zu bewegen.

Im Gegensatz dazu besitzen Deutsche strenge „Maßstäbe", was ihren Lebensstil betrifft, denn sie haben eine lange Geschichte und eine ausgeprägte Kultur aufzuweisen, an die sie fest gebunden sind. Sie haben eindeutige nationale Charaktereigenschaften, von denen sie sich nicht sehr weit entfernen. Wer sie nahe genug kennt, kann ihren nächsten Schritt gut vorhersehen.

Japan fühlte sich gedrängt und gut organisiert an; Bewegungen waren nur eingeschränkt möglich. Das Hado von Australien hatte die Energie von kleinen Häusern, Einfachheit, Einwanderern und Härte. Koreas Hado enthielt Gerüche, Ego-Energie, Kollektivismus und die Kraft von Wildblumen. Großbritanniens Energie war geprägt von hohem Stolz, Starrsinn und Burgen. Frankreichs Hado zeugte von Alleen, trübem Wasser und Intelligenz. China strahlte ein sehr interessantes Hado aus. Die Farbe seines Hado hatte sich verändert – was meiner Meinung nach daran liegt, dass das Land begonnen hat, sich für die Marktwirtschaft zu öffnen und sich seitdem eines wirtschaftlichen Wohlstands erfreut, dabei aber einen Teil seiner Kultur und seiner Traditionen verloren hat. Alles in dieser Welt folgt einem ständigen Auf und Ab: ein Spiel des Ausgleichs. Wer etwas bekommt, muss etwas anderes loslassen.

Physikalisch gesehen gibt es im Weltraum keine Luft, aber ich nehme wahr, dass eine vollkommen andere Form von Hado aus einer anderen Dimension den leeren Raum erfüllt. Ich habe von

Astronauten gehört, die zu Philosophen wurden oder eine spirituellere Lebenseinstellung entwickelten, nachdem sie aus dem All zurückkehrten. Das wundert mich überhaupt nicht. Da sie diesem kraftvollen Hado ausgesetzt waren, hat sich ihr Leben verändert, so dass sie jetzt offen für neue Dimensionen sind.

WIE HADO SICH GEGENSEITIG BEEINFLUSST

Da Hado Schwingung ist, gibt es beim Aufeinandertreffen von zwei Hado-Energien drei verschiedene Möglichkeiten: zurückprallen, eine Resonanz erzeugen oder absorbieren.

Wenn Hado freigesetzt wird, kann es zurückprallen. Stellen Sie sich vor, Sie müssen mit jemandem zusammenarbeiten, den Sie nicht besonders mögen. Ihr Hado wird in dem Fall zurückprallen, so sehr Sie auch den Versuch machen, so zu tun, als wäre Ihnen diese Person angenehm. Aus naheliegenden Gründen wird sie spüren, was Sie wirklich denken, und ihr Hado wird ebenfalls zurückprallen. Hin und wieder passiert mir das auch, wenn ich Menschen beraten soll, die mir nicht besonders sympathisch sind. Doch ich muss ihnen meine Hado-Kraft senden, denn das ist mein Beruf. In solchen Fällen versuche ich, mein Hado wie aus der Ferne zu senden.

Wenn Sie jemandem begegnen, den Sie lieben, oder umgekehrt, gehen Ihr Hado und das Hado dieses Menschen in Resonanz. Sie verbinden sich und werden stärker. Versuchen Sie, sich kleine Schneeflockenpartikel vorzustellen, die sehr aktiv sind und die ihre gegenseitige Freude reflektieren. Meiner Meinung nach ist das der Grund, warum glückliche Paare sich nach einer langen Partnerschaft immer ähnlicher werden: ihr persönliches Hado vermischt und integriert sich im Laufe der Zeit, und jeder beeinflusst die Energie des anderen.

Das Ausmaß der Hado-Energie ist bei jedem Menschen unterschiedlich. Begegnet ein Mensch mit starkem Hado jemandem, dessen Hado schwach ist, absorbiert das schwächere das stärkere. Wenn ich älteren oder kranken Menschen begegne, saugen sie mein Hado auf wie ein trockener Schwamm. Nie wird ein Hado ein anderes negieren; in jedem Fall wird es eine Reaktion des Schwächeren auf das Stärkere geben, wie schwach das Hado auch sein mag.

Die Hado-Energie kann man auch blockieren. Ich begegne manchmal Klienten, die innerlich nicht offen für Hado sind und meine Energie absichtlich von sich fernhalten. Das Blockieren ist außerdem eine Technik, die Sie nutzen können, um sich vor schlechtem Hado zu schützen. Wenn Sie Orte aufsuchen oder Menschen treffen, die schlechtes Hado verbreiten, sollten Sie sich so verschließen, dass Sie nicht beeinflusst werden können. Dazu benötigen Sie keine besondere Technik; seien Sie einfach fest entschlossen, nicht davon berührt zu werden. Denken Sie: „Ich verschließe mich gegen schlechtes Hado" oder, wie ich es gerne resolut ausdrücke: „Geschlossen!" Manche Menschen schützen sich effektiv, wenn sie sich ein wundervolles Licht vorstellen, das von oben auf sie strahlt und sie vollständig einhüllt und beschützt; andere wiederum visualisieren eine feste Hülle, die ihren Körper bedeckt und abschirmt.

Hado kann auch so kraftvoll sein, dass es in der Lage ist, Gegenstände zu bewegen. Ich hatte Besuch von Freunden, als ich einen Anruf von einer Frau erhielt, die Rat wegen einer Beziehung suchte. Nachdem ich kurze Zeit mit ihr gesprochen hatte, war mir klar, dass sie hoffte, die Situation nur zu ihrem eigenen Vorteil verbessern zu können, und ihre Absicht machte mich wütend. Zuerst versuchte ich noch, vernünftig mit ihr zu reden, aber sie wollte mir überhaupt nicht zuhören. Schließlich verlor ich die Beherrschung, erhob meine Stimme und sagte: „Sind Sie nicht der Meinung, dass Sie viel zu selbstsüchtig sind?" Im gleichen Moment flogen ein Paar Ohrringe, die ich auf den Tisch neben dem Telefon gelegt hatte, gegen die Wand. Einer meiner Freunde hob sie auf und stieß hervor: „Sieh nur, deine Ohrringe sind total verbogen. Dein Ärger hat sie vom Tisch gefegt!" Nach diesem Erlebnis versuchte ich alles, meine Gefühle besser unter Kontrolle zu halten, und ich schwor, nie wieder etwas Derartiges zuzulassen. (Meine Freunde ziehen mich übrigens noch heute damit auf).

DIE WIRKUNGSWEISE VON HADO

Unsere Welt ist erfüllt von Hado, das ständig in Bewegung ist. Es dringt in alles ein, das sich auf der Erde befindet, zirkuliert in der Substanz und kehrt dann zur Luft zurück. Wenn Hado durch eine Substanz zirkuliert, verändern sich Hado und Materie gleichermaßen. Anders ausgedrückt, Hado hinterlässt seinen eigenen Abdruck in der betreffenden Substanz, während umgekehrt die Materie ihren speziellen Charakter auf das Hado überträgt, solange es sich in dem

Objekt befindet. Nachdem das Hado zur Luft zurückgekehrt ist, ist die Auswirkung dieser Substanz auf die Umgebung abgeschwächt und gereinigt worden.

Solange das Hado in Bewegung ist, bleibt es leicht und rein. Sobald es stagniert, wird es schwerer und negativer. Aus diesem Grund ist es von großer Bedeutung, dass Sie Ausgänge in geschlossenen Räumen wie Häusern, Wohnungen oder Büros schaffen, damit die Luft in den Räumen weiter zirkulieren und ausgetauscht werden kann. So wie Sie beim Wäschewaschen auch nicht das gleiche Wasser beim Waschgang wie beim Spülgang verwenden würden, sollten Sie auch nicht dasselbe Hado ununterbrochen zirkulieren lassen. Sie können solche Ausgänge schaffen, indem Sie Türen und Fenster öffnen und Ventilatoren benutzen. Fensterscheiben halten das Hado auf. Stellen Sie deshalb sicher, dass die Fenster geöffnet sind, wenn Sie die Luft austauschen wollen. Stellen Sie einen Ventilator an und lassen Sie die alte Luft aus dem Raum und frische Luft herein. Sie können auch Staubwedel verwenden, um die Luft zu bewegen.

Viele Menschen fragen mich, woher Hado stammt. Bei Menschen kommt es aus dem Herzen. Wenn Sie an jemanden denken oder sich um ihn Sorgen machen, wird Hado freigesetzt und direkt an die Person oder den Gegenstand gesendet, an die Sie gerade denken. Hado kann also sehr leicht aus größerer Entfernung an eine Person oder ein Objekt gesendet werden. Wenn ich gebeten werde, jemandem Hado aus der Ferne zu schicken, konzentriere ich mich einfach darauf, das Hado dieser Person oder des Gegenstandes zu spüren. Dazu muss ich nicht einmal wissen, wie diese Person heißt, oder wo sie oder der Gegenstand sich befindet; aus irgendeinem Grund kann ich ohne jeden Irrtum mit ihnen verbunden werden. Dann spüre ich, wie sie direkt vor mir stehen, so als ob es ein Wurmloch gäbe, das mich direkt mit ihnen verbinden könnte, und beginne, meine Hado-Kraft zu senden. Es macht keinen Unterschied, ob sich jemand direkt vor mir befindet oder weit entfernt ist. Aus dieser Perspektive ähnelt Hado sehr stark dem Gebet. Die folgende Geschichte wird Ihnen zeigen, was ich damit meine.

Ich besuchte ein Krankenhaus und bemerkte einen alten Mann, der an einer Lungenerkrankung litt und ununterbrochen hustete. Obwohl er ein Fremder war, war es schmerzlich für mich, zu sehen, wie er hustete, also betete ich für seine Genesung, so oft ich konnte. Nach einer Weile fiel mir auf, dass er mit dem Husten aufgehört hatte. Ich fragte eine Schwester, was mit ihm geschehen sei, und sie sagte, sein Zustand habe sich dramatisch gebessert, und er würde schon bald entlassen. Ich hatte diesem Mann mein Hado gesendet, indem ich einfach nur auf seine Genesung gehofft hatte. Ihre Gebete werden alle Menschen, für die Sie beten, in der Form von Hado erreichen, was sie vor jeglicher Gefahr schützt und ihr Leiden verringert.

Hado lässt sich auch mit Elektrizität vergleichen. Wenn Hado in etwas oder jemandem wirkt, ist es so, als würde im Körper ein Schalter betätigt. Die Stärke des Hado von Menschen oder Objekten ist ebenso unterschiedlich wie die Stromstärke: manches Hado ist wie statische Elektrizität, manches ähnelt mehr einem Gewitter.

Tatsache ist, dass Hado und Elektrizität eng miteinander verbunden sind. Wenn ich meine Hado-Kraft benutze oder Verstorbene ihre Hado-Energie senden, um mit uns zu kommunizieren, reagieren elektrische Geräte häufig darauf und fangen an zu knistern.

Eines Tages suchte ich ein Haus auf, das voller dunklem und schwerem Hado war. Ich begann damit, die Luft im Wohnzimmer mit Hilfe meiner Hado-Kraft in Bewegung zu versetzen, worauf alle Anwesenden zurückwichen, da der große Kronleuchter anfing, sich zu bewegen und das Licht zu flackern. Dies war die Stelle, an der das schwere Hado stagniert hatte und wohin ich meine Hado-Kraft sendete.

In einer anderen Situation begann die Lampe in meinem Schlafzimmer ein summendes Geräusch zu machen. Ich verließ daraufhin den Raum und bemerkte, dass das Geräusch aufgehört hatte. Ich ging zurück ins Schlafzimmer, und das Geräusch begann von neuem. ‚Die Lampen müssen auf irgendeinen Teil meines Körpers reagieren', dachte ich, hatte aber keine Ahnung, wo in meinem Körper das Problem saß. Sechs Monate später entdeckte ein Arzt bei einer Untersuchung einen Gallenstein bei mir. Ich wusste sofort, dass der Stein die Ursache des Geräusches gewesen war, das ich gehört hatte. Und wie erwartet verschwand das Geräusch, nachdem der Gallenstein entfernt worden war.

Von einigen werde ich gefragt, ob man Hado, so wie Elektrizität, an- und ausschalten kann. Wenn ich meine Hado-Kraft aussende, muss ich mich darauf konzentrieren. Man könnte sagen, dass ich meine Hado-Kraft „einschalte". Wenn ich schwere Hado-Energien um mich herum wahrnehme und es für mich nicht mehr zu ertragen ist, schalte ich meine Fähigkeit aus, um von der negativen Energie nicht mehr beeinflusst werden zu können, doch grundsätzlich sende ich ständig Hado, sogar im Schlaf. Wenn ich irgendwo in einem Hotel übernachte, wird die Luft in meinem Zimmer leicht, nur weil ich dort schlafe.

Auch Gegenstände werden von dem Hado, das ich ununterbrochen ausstrahle, beeinflusst. Einmal bekam ich von einer Freundin einen alten Ring geschenkt, den ich aber beiseite legte, weil er für mich ein wenig zu abgetragen aussah. Ungefähr ein Jahr später erinnerte ich mich wieder daran. Ich nahm ihn heraus und fand, dass er so strahlend aussah wie ein funkelnagelneuer Ring. Dann streifte ich ihn über, um zu sehen, was meine Freundin dazu sagen würde, doch sie erkannte den Ring erst gar nicht und fragte nur: „Was für ein wunderschöner Ring! Wo hast du ihn her?"

Hado und Elektrizität hängen aus meiner Sicht noch aus einem anderen Grund zusammen. Noch vor einigen hundert Jahren wusste niemand etwas von Elektrizität. Würden Sie eine Zeitreise machen und den Menschen des achtzehnten Jahrhunderts erklären, dass eine unsichtbare Energie namens „Elektrizität" für Licht sorgen könnte, würden Sie für vollkommen verrückt erklärt. Hado, am Beginn des einundzwanzigsten Jahrhunderts, entspricht genau der Elektrizität im achtzehnten Jahrhundert. Noch sind nicht sehr viele Menschen in der Lage, Hado zu sehen oder wahrzunehmen, aber eines Tages – und das hoffentlich sehr bald – wird es von vielen Menschen verstanden werden.

II

ANWENDUNGEN FÜR HADO

波
動

Die Grundlage von Hado ist sehr einfach, ähnlich der Wahrheit des Universums, die immer einfach ist. Nach jahrelangen Berechnungen kam Albert Einstein zu einer einfachen Formel: $E = mc2$. Bitte machen Sie es sich daher nicht zu kompliziert, wenn Sie versuchen, Hado zu verstehen. In Ihrem Innern waren Sie sich Hado immer instinktiv bewusst, denn es ist der natürliche Fluss der Dinge. Versuchen Sie es mit dem reinen Herzen eines Kindes zu verstehen. Sobald Sie in der Lage sind, es zu spüren und zu akzeptieren, können auch Sie Wunder geschehen lassen.

Da Sie jetzt über einige Grundkenntnisse von Hado verfügen, werde ich Ihnen nun seine vielen Anwendungsmöglichkeiten erläutern und Ihnen zeigen, wie ich meine Hado-Kraft anwende, um meinen Klienten zu helfen.

HADO UND UNBELEBTE OBJEKTE

Die Quelle von Hado befindet sich in unserem Herzen – es sind unsere Gedanken und unsere Gefühle. Stärkeres Hado fließt zu schwächerem; unbelebte Gegenstände neigen deshalb dazu, das Hado von Menschen in sich aufzunehmen. Wenn genügend Hado auf ein unbelebtes Objekt übertragen wird, beginnt es, seine eigene Energie oder sein eigenes Herz zu besitzen. Je länger und näher sich ein Gegenstand in der Nähe eines Menschen befindet, desto mehr Hado wird auf ihn übertragen, und umso stärker wird sein Hado sein.

Jeden Tag benutze ich ein Auto, um meine Klienten zu besuchen. Da mein Auto ständig meine starke Hado-Kraft erhält, sagen meine Freunde, dass sie bei ihm und bei einem Auto, dass ich früher besaß, eine Art Persönlichkeit wahrnehmen können. Wenn ich damals längere Strecken fahren musste, stellte ich mir vor, dass mein Auto einen Gesichtsausdruck voller Erschöpfung besaß, so wie in einem Zeichentrickfilm. Wenn ich es bat, noch etwas länger zu fahren, sah ich dann, wie es seine Zähne zusammenbiss, um weiterfahren zu können. Und wenn ich wieder nach Hause kam, sah ich dann auf seinem Gesicht, wie es sich entspannte und sofort einschlief. In solchen Situationen tat mir mein Auto leid. Eines Tages hatte ich dann das Gefühl, dass sein Gesicht wirklich alt geworden war; ich spürte, dass lange Fahrten nun zu anstrengend sein würden. Deshalb verkaufte ich das Auto an jemanden, der es in gutem Zustand bewahren und nicht mehr auf lange Fahrten mitnehmen würde.

Wenn Sie Dinge über längere Zeit benutzen oder in Ihrem Besitz haben, kann sich bei diesen Gegenständen u. U. ein „Bewusstsein" oder „Selbstbewusstsein" durch die Aufnahme Ihrer Hado-Energie entwickeln. Deshalb ist es wichtig, alle Dinge mit großer Sorgfalt zu behandeln. Eine meiner Klientinnen erzählte mir, dass einer der Mitarbeiter in ihrem Büro „magische Hände" besitzt, wenn es um Computer geht. Sobald irgendein Computer abstürzt oder von einem Virus infiziert wurde, rennt jeder zu ihm und bittet ihn um Hilfe. Natürlich verfügt er über ein umfangreiches Wissen, aber nach den Worten meiner Klientin ist das nicht der einzige Grund, warum ihn alle Leute um Hilfe bitten. Er braucht nur den Computer neu zu starten, dann arbeitet das Gerät wieder normal. Wenn sie hingegen dasselbe versucht, hat der Computer immer noch Probleme. Dieser Mensch besitzt höchstwahrscheinlich ein Hado, das gut für Computer und Maschinen geeignet ist. Wenn Ihr Computer also das nächste Mal ein Problem hat und Sie niemanden finden, der magische Hände besitzt, versuchen Sie doch einmal, Ihren Computer zu bitten, mit Ihnen zu kooperieren. Vielleicht besitzt Ihr Gerät bereits ein wenig Bewusstsein, und es funktioniert.

Einige Gegenstände sind für Hado empfänglicher und neigen dazu, ein stärkeres Hado aufzunehmen. Besonders Schmuck weist diese Eigenschaft auf. Wenn Sie Ihren Schmuck eine Weile getragen haben, bemerken Sie vielleicht, dass der Schmuck seinen ursprünglichen Glanz verloren hat. Das kommt dadurch, dass er Ihre negative Energie in sich aufgenommen hat. In der Regel sind Klienten extrem erschöpft und haben ernsthafte Probleme, wenn sie mich aufsuchen. In vielen Fällen sehe ich dann, dass ihr Schmuck negative Energien in sich aufgenommen hat und seinerseits erschöpft ist. In manchen Fällen hat der Schmuck sogar begonnen, die negative Energie wieder zu seinem Besitzer zurückzusenden, weil seine Aufnahmefähigkeit überschritten ist. In solchen Fällen bitte ich meine Klienten, ihren Schmuck auf den Tisch zu legen. Dann sende ich meine Hado-Kraft hinein und lasse die negative Energie hinausfließen. Gewöhnlich sind meine Klienten dann völlig begeistert, denn der Schmuck beginnt direkt vor ihren Augen wieder zu funkeln. Manche vergessen sogar die Probleme, weswegen sie ursprünglich zu mir gekommen waren, und bringen in der nächsten Sitzung noch mehr Schmuck mit!

Eine Klientin suchte mich wegen ihrer gesundheitlichen Probleme auf, und nach der Behandlung verließ sie mich mit einem sehr viel leichteren Gefühl und sah auch wieder sehr viel besser aus. Zu der nächsten Sitzung brachte sie dann ihren Ehering mit, der sehr stark verbogen war. Sie erzählte, dass sie während der ersten Sitzung einen leichten Schmerz am Finger gespürt hatte. Auf dem Weg nach Hause war der Schmerz dann unerträglich geworden. Sie blickte auf ihren Finger und sah zu ihrer Überraschung, dass der Ring sich weiter verbog und nahm ihn daher so schnell wie möglich vom Finger. Vor ihren Augen verdrehte der Ring sich dann vollständig, als hätte er nur darauf gewartet, abgenommen zu werden. Wie es aussah, hatte der Ring die ganze Zeit über Julias schlechtes Hado aufgrund ihrer Erkrankung in sich aufgenommen und verbog sich, weil er nicht mehr damit fertig wurde.

Eine Freundin von mir kaufte einmal einen wunderschönen Ring in einem Antiquitätengeschäft. Mir fiel auf, dass die Dichte der Luft sehr schwer war, die den Ring umgab, also fragte ich sie: „Hast du nicht den Eindruck, dass sich etwas verändert hat, seitdem du den Ring gekauft hast? Ich habe den Eindruck, dass er Kontakte mit Männern vermeiden möchte." Sie sah mich mit einem überraschten Gesichtsausdruck an und sagte, dass seitdem kein Mann mehr längere Zeit mit ihr verbracht hätte.

Ich benutzte meine hellsichtigen Fähigkeiten zusammen mit Hado, um tiefer in die Vergangenheit des Rings eintauchen zu können. Wie sich herausstellte, war er der Verlobungsring einer Frau gewesen; der Verlobte dieser Frau hatte sie später verlassen und eine andere Frau geheiratet. Die Besitzerin des Rings verfiel in tiefe Verzweiflung und spürte, dass sie nie wieder einem Mann vertrauen würde. Ihr Hass auf Männer floss in Form von negativem Hado aus ihr heraus und übertrug sich sehr intensiv auf den Ring. Viele Jahrzehnte waren seitdem vergangen, doch der Ring war immer noch angefüllt mit ihrem Hass.

Wenn das negative Hado zu stark geworden ist, bezeichnen die Menschen solche Gegenstände als „verflucht". Die Männer mussten wohl in Gegenwart meiner Freundin das starke negative Hado gespürt haben und fühlten sich in ihrer Nähe unwohl. Ich riet ihr, den Ring zu verkaufen. Einige Zeit später erzählte sie mir dann, dass ihr Leben wieder in normalen Bahnen verlaufe seit sie ihn weggegeben hatte.

Vielleicht haben Sie von dem berühmten Hope-Diamanten gehört, dem großen blauen Edelstein, der im National Museum of Natural History in Washington, D. C., ausgestellt wird. Er ist wahrscheinlich der berüchtigtste Diamant in der Geschichte der Menschheit. Viele Besitzer dieses Edelsteines starben eines tragischen Todes, darunter König Ludwig der XVI. und Marie Antoinette, die beide während der Französischen Revolution hingerichtet wurden. Obwohl ich ihn noch nie gesehen habe, kann ich mir gut vorstellen, dass er verflucht ist. Seit vielen hundert Jahren nimmt er menschliche Gefühle in sich auf, negative Gefühle eingeschlossen.

Positives Hado kann ebenso leicht auf unbelebte Gegenstände übertragen werden wie negatives. Beispielsweise erhalten Sie unerwartet ein Geschenk von jemandem, der verstorben ist. Sollten Sie ein solches Geschenk bekommen, dann behalten Sie es bitte, denn es wird Sie beschützen. Solche Geschenke sind erfüllt von der Liebe des Verstorbenen, selbst wenn sie keine Möglichkeit hatten, noch zu Lebzeiten mit dieser Person in Kontakt zu kommen. Einmal kommunizierte ich während einer Sitzung mit einem Verstorbenen; bei mir saß die Schwiegertochter seines Sohnes. Er sagte, er werde dieser Frau ein Geschenk geben – eine Süßigkeit – da sie sich so liebevoll um ihren Schwiegervater gekümmert hätte, und er war ihr dankbar dafür. Ich sagte meiner Klientin also, dass sie schon bald ganz unerwartet irgendeine Süßigkeit erhalten würde. Einige Zeit danach berichtete sie mir, dass entfernte Verwandte, von denen sie jahrelang nichts gehört hatte, ihr eine besondere japanische Süßigkeit geschickt hatten.

Zwischen uns und anderen Menschen existieren besondere Bande, und wir sind durch das Schicksal miteinander verbunden. Verstorbene können Sie darum bitten, sich manchmal an sie zu erinnern oder mit ihren Familien befreundet zu sein. Bitte danken Sie ihnen und beten Sie für ihren Frieden in der geistigen Welt. Sagen Sie ihnen, dass Sie ihre Botschaft verstanden haben, und versprechen Sie ihnen, ihr Geschenk mit Sorgfalt zu behandeln. Ihre Erinnerung wird so Ihr stärkster Talisman sein.

Meiner Erfahrung nach besitzen Gegenstände mit einer langen Geschichte nicht nur ein Herz, sondern haben auch einen Geist. Wenn Ihnen die Möglichkeit gegeben ist, mit solch einem Objekt in Berührung zu kommen, sollten Sie besondere Sorgfalt verwenden, da der Gegenstand eine starke Persönlichkeit besitzt und manchmal sogar über einen ausgeprägten Stolz verfügt. Eine Orchestermusikerin zeigte mir einmal ihren wertvollsten Besitz: eine Violine. Ich hatte davon gehört, dass sie ein berühmtes Meisterwerk war, dennoch störte mich etwas an ihr. Ich sagte: „Soviel ich weiß, hat diese Violine vielen großen Musikern gehört, und ich habe gespürt, dass sie von ihnen viele Gewohnheiten übernommen hat. Haben Sie das Gefühl, dass diese Violine sich, man könnte beinahe sagen, von Ihnen abwendet?"

„Woher haben Sie das gewusst? Genau das ist mein Gefühl. Es ist mir nicht möglich, einen guten Klang auf ihr zu erzeugen. Das ist für mich ein großes Problem." Sie sah dabei so aus, als ob sie nicht wüsste, was sie mit diesem Meisterwerk anfangen sollte.

Ich nahm das Hado der Violine auf, indem ich einfach nur beobachtete, wie die Musikerin mit dem Instrument umging. Diese Violine war wahrhaftig ein Meisterwerk. Sie besaß ein eigenes Herz und einen eigenen Geist, zusammen mit einer starken Persönlichkeit und der entsprechenden inneren Haltung. Sie hatte vielen berühmten Musikern gehört, doch keiner von ihnen hatte ihr wahres Potenzial vollständig ausschöpfen können. Und jetzt hatte die Violine das Gefühl, dass diese Musikerin nicht den Grad an Ausdrucksfähigkeit der berühmten Kollegen erreichen konnte. Darum hatte sie sich von ihr abgewandt. Ich sagte ihr wahrheitsgemäß, was ich spürte, und gab ihr den folgenden Rat: „Vor einem Auftritt sollten Sie die Violine in einer einfachen, bescheidenen Weise fragen, ob sie mit Ihnen kooperieren möchte, obwohl Sie noch nicht genügend Erfahrung besitzen, um sie richtig spielen zu können. Wenn möglich, sollten Sie die Violine an jemanden verkaufen, der sie in vollem Umfang benutzen kann." Sie befolgte meinen Rat und erzählte mir bei einer späteren Gelegenheit, dass sie nun einen deutlich besseren Klang erreichen konnte, indem sie die Violine um ihre Zusammenarbeit bat.

Unbelebte Objekte können häufig plötzlich kaputtgehen oder spurlos verschwinden, so als ob sie sich für uns opfern würden. Bevor ich das erste Mal nach New York kam, hatte ich das Gefühl, dass mir etwas Negatives zustoßen würde, etwa eine Grippe oder Probleme mit dem Hotel. Kurz vor meiner Reise war ich auf der Autobahn unterwegs, als meine Windschutzscheibe plötzlich zu Bruch ging. Die Reparatur kostete mich eine Menge Geld; ich war mir allerdings sicher, dass das Glas selbst diese Situation verursacht hatte, damit ich größere Probleme auf meiner Reise vermeiden konnte.

Eine meiner Klientinnen befand sich einmal am Flughafen, als eine Flasche Wein zersprang und sich über ihre Kleidung ergoss. Es war ihr unglaublich peinlich, mit schmutzigen Kleidern reisen zu müssen, doch aus Sicht dieser Theorie vermied sie möglicherweise andere Probleme an ihrem Reiseziel.

Bei einer anderen Reise erlebte ich, wie eine Freundin fünfzig Dollar auf seltsame Weise verlor. Während wir mit dem Taxi fuhren, tat sie das Geld in ihr Portemonnaie, doch fünf Minuten später war das Geld verschwunden. Natürlich suchten wir den ganzen Rücksitz ab, bevor wir ausstiegen, konnten das Geld aber nicht finden. Ich sagte zu ihr, das Geld sei mit Sicherheit deshalb verschwunden, damit sie irgendwelche Probleme an unserem Ziel vermeiden konnte. Ich bin davon überzeugt, dass unser Unterbewusstsein mit Ereignissen wie diesen eine Verbindung besitzt und dies der Grund dafür ist, warum manche Dinge für uns kaputtgehen oder spurlos verschwinden.

Vielleicht kennen Sie das Phänomen, dass Computer oder andere elektrische Geräte nicht funktionieren oder sogar kaputtgehen, wenn der Besitzer gesundheitliche Probleme entwickelt. Technische Geräte reagieren sensibel auf das Hado des Menschen, der sie berührt, und nehmen seine Krankheit über ihre elektrischen Schaltkreise in sich auf. Wenn die Geräte dann die Grenze ihrer Aufnahmefähigkeit erreicht haben, gehen sie kaputt.

Eine Freundin erzählte mir von zwei Computern in ihrem Büro, die innerhalb von nur drei Monaten kaputtgegangen waren, und ihr Chef sei nicht sehr erfreut darüber. Doch die Techniker konnten die Ursache nicht finden und ihr Chef warnte sie, wenn dies ein drittes Mal passieren würde, er davon ausgehen müsste, dass Nina absichtlich etwas tat, um die Computer zu zerstören. Aber es gab kein drittes Mal. Bei Nina trat eine Darmreizung auf, und sie musste wegen ihrer Krankheit zu Hause bleiben. Sie erinnerte sich an meine Geschichten über Gegenstände, die für ihre Besitzer kaputtgegangen waren, und dankte den beiden Computern dafür, dass sie das für sie getan hatten.

Wenn das nächste Mal etwas entzweigeht oder nicht mehr aufzufinden ist, dann nehmen Sie sich die Zeit, um herauszufinden, warum das geschah. Haben Sie vorher vielleicht eine negative Erfahrung vermieden, oder soll Sie dass auf ein gesundheitliches Problem aufmerksam machen? Wenn Sie das Gefühl haben, dass etwas Ihretwegen kaputtgegangen ist, dann möchten Sie dem Gegenstand vielleicht Ihren Dank aussprechen. Sollten Ihre elektrischen Geräte übrigens häufiger kaputtgehen, dann wäre es vielleicht eine gute Idee, regelmäßig zu ärztlichen Untersuchungen zu gehen.

Wenn etwas Wichtiges kaputt- oder verlorengeht, oder wenn etwas Außergewöhnliches geschieht, könnte es ein Zeichen sein. Zeichen zeigen Ihnen wichtige Wendepunkte oder Übergänge in Ihrem Leben an. Oftmals merken Sie es erst, wenn das Ereignis schon hinter Ihnen liegt. Aber Sie können mit Sicherheit davon ausgehen, dass etwas ein Zeichen ist, wenn zuerst ein auffälliges Ereignis eintritt und danach ein noch größeres.

In meinem Fall verlor ich in meinem Leben zweimal ganz spezielle Ringe: das erste Mal war es ein Zeichen für meine bevorstehende Scheidung, beim zweiten Mal kündigte es den Tod meines Sohnes an. Außerdem begannen die Farben meines japanischen Wandschirms im Wohnzimmer plötzlich zu verblassen; auch das war ein Zeichen für den bevorstehenden Tod meines Sohnes. Natürlich gibt es auch viele positive Zeichen. Betrachten Sie rückblickend alle Zeichen, die vor einem größeren Ereignis in Ihrem Leben erschienen sind. Das wird Ihnen helfen, die Zeichen zu verstehen, die Ihnen heute begegnen. Und wenn Sie begonnen haben, diese Zeichen leichter zu erkennen, werden Sie besser auf das vorbereitet sein, was auf ein Zeichen folgt, so dass Sie es umfassend erleben können.

Wie Hado die Struktur von Materie beeinflusst

Hado existiert überall auf der Erde. Alles Lebendige ist Teil dieses Kreislaufs und empfängt und strahlt ununterbrochen Hado aus – wie ein Ein- und Ausatmen. Wenn die Energie in Materie eindringt, kann sie die Struktur dieser Materie verändern.

Manche meiner Klienten sind Hado gegenüber erst einmal skeptisch eingestellt. In solchen Fällen bitte ich sie, zwei Gläser mit Leitungswasser zu füllen und dann den Geschmack zu testen; der Geschmack ist natürlich bei beiden identisch. Dann sende ich meine Hado-Kraft in eines der Gläser und bitte meine Klienten, wieder aus beiden Gläsern zu trinken. Sie sind überrascht, wenn der Geschmack des unbehandelten Wassers sich natürlich nicht verändert hat, das mit meiner Hado-Kraft behandelte Wasser jetzt aber wie ein teures Mineralwasser schmeckt. Sind meine Klienten immer noch nicht ganz überzeugt, bitte ich sie, beide Gläser in die Hand zu nehmen und abzuwarten, was geschieht. Später berichten sie dann, das Wasser mit der Hado-Energie habe seinen Zustand wesentlich länger beibehalten als das andere, das schlecht wird.

Als ich einmal in Oregon auftrat, benutzte ich zur Abwechslung Wein, um die Wirkung von Hado demonstrieren zu können. Ich führte das Experiment in umgekehrter Reihenfolge durch und sandte zuerst meine Hado-Kraft in den Wein; dann bat ich die Anwesenden, den Wein zu probieren. Alle sagten übereinstimmend, dass der Wein mehr wie Traubensaft schmecken würde. (Aus irgendeinem Grund verflüchtigt sich Alkohol, wenn Hado mit Spirituosen in Berührung kommt.) Dann gab ich dem Wein seinen ursprünglichen Geschmack zurück und bat die Teilnehmer erneut, den Geschmack zu probieren – mit dem Ergebnis, dass alle den Wein mehr oder weniger ausspuckten, denn jetzt waren der Alkohol und die ursprüngliche Süße wieder vorhanden, und es war ein billiger und sehr schlechter Wein!

Bei einem anderen Experiment arbeitete ich mit Fernübertragung. Von Zuhause aus schickte ich meine Hado-Kraft in eine bestimmte Bierflasche, die bei einem Freund im Kühlschrank stand. Vor meinem geistigen Auge richtete ich die Energie sorgfältig auf die Flasche und fokussierte meine Aufmerksamkeit so, dass die anderen Flaschen nicht beeinflusst wurden. Nachdem ich eine angemessene Menge Energie gesendet hatte, rief ich meinen Freund an. „Ich habe gerade Hado in eine deiner Bierflaschen geschickt; sie steht vorne rechts in der Ecke im zweiten Fach. Die anderen Flaschen haben kein Hado bekommen. Teste den Unterschied und rufe mich dann zurück."

Mein Freund fragte als erstes, woher ich denn wüsste, wo die Bierflaschen stünden, sagte dann aber zu, den Test zu machen. Nach einer Weile rief er zurück und meinte, es wären Freunde von ihm da; sie alle seien sehr erstaunt über den Geschmack des Bieres, das mein Hado bekommen habe. Es sei völlig anders als sonst, so wie bei einem teuren Bier.

Vielleicht haben Sie selbst schon ähnliche Erfahrungen gemacht. Haben Sie jemals gerätselt, warum, obwohl Sie exakt die Rezeptanweisungen eines berühmten Küchenchefs befolgten, der Geschmack nicht derselbe war? Selbst bei etwas so Einfachem wie Eier und den gleichen Zutaten: haben Sie trotzdem die Eier woanders viel köstlicher empfunden, und fragten Sie sich, warum? Die Antwort ist simpel: alle guten Köche besitzen ein starkes Hado. Sie senden es aus, ohne etwas davon zu merken und beeinflussen so den Geschmack der Nahrung, indem Sie sie berühren. Wenn Sie also das nächste Mal kochen, denken Sie dabei an mich, damit Sie mit mir verbunden sind und meine Hado-Kraft aufnehmen. Sie werden überrascht sein, wie sich Ihr ganz normales Essen in etwas ganz Besonderes verwandelt.

Manchmal werde ich gefragt, ob das Essen von Fleisch schlecht ist oder einen negativen Effekt auf das Hado hat. Ich selbst habe das nie so empfunden. Ich esse oft Fleisch, da die Anwendung von Hado eine Menge Energie erfordert, und für mich ist Fleisch eine sehr gute Quelle für diese Energie. Alle Dinge im Kreislauf des Lebens haben ihr eigenes Schicksal. Ich glaube, dass Tiere ihr Schicksal akzeptieren, denn sie besitzen ein reines Herz, obwohl die Gesetze der Natur sehr grausam zu ihnen sein können. Das Wichtigste für uns Menschen ist, den Tieren oder Pflanzen dankbar zu sein, dass sie uns ihr Leben anbieten, und wir sollten es nicht vergeuden. Wenn Sie Fleisch in einem Bewusstsein von Anerkennung und Dankbarkeit essen, werden die Geister der Tiere in Frieden ruhen.

Hado und Orte

Gutes Hado fühlt sich leicht und angenehm an und befindet sich dauernd in Bewegung. Da es aus dem Herzen der Menschen stammt, ist gutes Hado erfüllt von Liebe und gutem Willen. Schlechtes Hado fühlt sich dagegen schwer, drückend und statisch an. Es ist erfüllt von negativen Emotionen wie Hass, Sorgen, Schmerz oder Eifersucht.

An manchen Orten kann es Stellen mit gutem oder schlechtem Hado geben. In einem Einkaufszentrum gibt es z. B. Geschäfte mit großer Kundschaft, andere dagegen haben wenige Kunden. Wenn Sie erfolgreiche Geschäfte näher unter die Lupe nehmen, werden Sie feststellen, dass diejenigen mit vielen Kunden immer gutes Hado aufweisen. Gutes Hado zieht Menschen auf eine natürliche Weise an, da es sich angenehm anfühlt, während das schlechte Hado Menschen abstößt, weil sie sich dadurch unwohl fühlen.

Die Natur ist durchdrungen von positivem Hado, das von großen Bäumen, Meeren, Wäldern, der Sonne und der Erde gereinigt wurde. Gräber, Museen mit antiken Ausstellungsstücken, menschliche Skelette, Ruinen und alte Burgen und Schlösser senden schlechtes Hado aus, da sie von den Gedanken und Gefühlen der Verstorbenen erfüllt sind, was die Luft schwer werden lässt. Im Gegensatz dazu sendet die Asche von Angehörigen, wenn sie zu Hause aufbewahrt wird, niemals schlechte Energien aus. Die Überreste von Menschen, die nicht zur Familie gehören, können dagegen schlechtes Hado verursachen, weil die Toten das Gefühl haben, dass ihr

Frieden gestört wird – so als ob Sie ohne anzuklopfen ihr Haus betreten.

Wenn ein Mensch stirbt, geht sein Geist in eine andere Welt über, aber seine letzten Gedanken und Gefühle sind immer noch in unserer Welt vorhanden. In der Regel haften sich diese Energien an Dinge, die dem Verstorbenen wichtig waren, oder an den Ort, wo er gestorben ist. Wenn der letzte Gedanke eines Verstorbenen quälend war, wird er zu schwerem Hado und bleibt an diesem Ort haften. Sollten Sie nicht vermeiden können, Orte mit schwerem Hado zu besuchen, dann schützen Sie sich, indem Sie wieder den Satz verwenden: „Ich verschließe mich gegen schweres Hado." Auf diese Weise kann Sie die schwere Energie nicht beeinflussen.

Orte der Andacht besitzen eine besondere Energie. Wenn Menschen etwas anbeten, wird es zu einer Gottheit, da sich das Hado der Gläubigen auf die Gestalt oder den Gegenstand der Anbetung überträgt. Je mehr Menschen diesen Gegenstand anbeten, desto mehr Hado wird aufgenommen, und er entwickelt ein eigenes Herz. Dazu kommt, dass sich die Gebete der Menschen (während sie die Zeit im Gebet verbringen) in ein kollektives göttliches Hado verwandeln. Wenn ein Ort lange genug göttliches Hado aufgenommen hat, wird er zu einer Wohnstatt der Götter. Es ist deshalb von großer Bedeutung, dass Sie solchen Orten mit Respekt begegnen; besuchen Sie religiöse Stätten niemals einfach nur zu Ihrem Vergnügen.

Jeder Mensch kann schlechtes Hado in gutes verwandeln. Da das schlechte Hado seine Beweglichkeit verloren hat, können Sie helfen, es zirkulieren zu lassen. Benutzen Sie einfach einen Ventilator, der die Luft zum Fenster oder zur Tür hin bläst. Sobald das schlechte Hado in die Natur zurückgekehrt ist, wird es verdünnt und gereinigt. Als ich einmal in ein Krankenhaus eingewiesen wurde, verbrachte ich den halben Tag damit, mein Zimmer zu reinigen, denn der ganze Raum war erfüllt von dem negativen Hado, das die früheren Patienten zurückgelassen hatten. Nach der Operation baten mich die Schwestern allerdings, in ein anderes Zimmer umzuziehen – ich hätte heulen können, denn nun musste ich alles wieder in der gleichen Weise reinigen wie zuvor! Es ist besonders wichtig, wenn Sie das Hado in Umgebungen wie z. B. Krankenhäusern reinigen, wo Patienten gestorben sind, damit das schlechte Hado nicht dort bleiben und andere Menschen beeinträchtigen kann.

Wenn Sie selbst oder jemand, der Ihnen nahesteht, ins Krankenhaus müssen, können Sie die Auswirkungen von negativem Hado vermeiden, indem Sie (wenn möglich) alle Türen und Fenster öffnen und versuchen, die Luft im Krankenzimmer in Bewegung zu bringen. Zusätzlich können Sie mich visualisieren, wenn Sie das Hado des Raumes reinigen, damit Sie mit mir verbunden sind. Wenn Sie Patienten besuchen wollen, versuchen Sie vorher, in den Park zu gehen oder irgendwie in Kontakt mit der Natur zu sein. Die starke Hado-Kraft aus der Natur ist für ein Krankenhaus mit Sicherheit eine Hilfe. Am wichtigsten ist aber, dass Sie für die Genesung des Patienten beten, wann immer es Ihnen möglich ist.

Vor einigen Jahren wandte ich diese Techniken bei einer Reihe von Restaurants an, da die Besitzer Sorge hatten, dass ihnen durch die

Angst der Menschen vor den Folgen von BSE (Rinderwahnsinn) geschäftliche Einbußen entstehen würden. Als die ersten Fälle in Japan auftauchten, litten viele Menschen in der Fleischindustrie an den Folgen der Krise, und viele Steak- oder Grillrestaurants mussten schließen. In dieser Zeit baten mich einige Restaurantbesitzer, ihren Unternehmen Hado zu senden. Alle Restaurants, mit denen ich damals arbeitete, blieben von der Schließung verschont.

Hado kann Ihnen auch den Charakter oder das Potenzial von Häusern, Wohnungen und anderen Domizilen aufzeigen. Ein Ehepaar bat mich, das Haus, das sie kaufen wollten, zu untersuchen, denn sie hatten Bedenken. Ich ging mit ihnen und dem Immobilienmakler zu dem Haus, um es mir näher anzusehen. Es war recht klein, aber die Fassade sah vertrauenswürdig aus. Als wir in die Küche kamen, stieß ich einen überraschten Schrei aus: ich sah dort vor meinem inneren Auge eine große Flamme lodern. Mein Körper spannte an, und ich bat die anderen, ruhig zu bleiben. Dann begann ich, der Flamme mein Hado zu senden.

Ich hatte eine Vision und sah ein fremdes Paar, das sich jeden Tag in der Küche heftige Auseinandersetzungen lieferte. Ich sagte zu dem Makler: „Ich denke, die vorigen Besitzer hatten eine schlechte Beziehung und furchtbare Auseinandersetzungen. Das ist einer der Gründe, warum sie ihr Haus verkaufen mussten. Mit ihrem Ärger haben sie unglaublich starke negative Energien freigesetzt." Trotz dieser Tatsache gefiel dem Paar das Haus. „Gut, ich verstehe", sagte ich. „Sie werden keinerlei Probleme haben, wenn Sie dem Haus von jetzt an Hado-Energie senden." Die Flamme wurde tatsächlich schon bald kleiner und verschwand schließlich; der Ärger konnte vollständig aus der Küche entfernt werden. Das Paar kaufte das Haus und lebt dort seitdem glücklich.

Es gibt viele ähnliche Fälle. Ein Paar zieht um und fängt schon bald nach dem Einzug an, sich heftig zu streiten, die Kinder haben Probleme, sich auf die Hausaufgaben zu konzentrieren, oder der Mann kommt nur noch selten nach Hause. Solche Fälle zeigen, wie das Hado der früheren Besitzer auf die Räume übertragen wird und das Leben der neuen Bewohner beeinflussen kann.

Auch das Land besitzt ein lebendiges Bewusstsein. Als ich ein Stück Land aufsuchte, dessen Oberfläche eingeebnet war, hatte ich plötzlich die Vision eines großen Feuers. Ich fragte meinen Klienten, der mich dorthin gebracht hatte, ob es an diesem Ort einmal ein Feuer gegeben hätte. „Woher wussten Sie das?", antwortete er. „Das ist der Grund, warum ich Sie hier hingeführt habe. Ich möchte dieses Land kaufen, aber ich fühle mich bei dem Gedanken unwohl. Ich habe gehört, dass jedes Mal, wenn hier jemand ein Haus oder ein Gebäude bauen ließ, ein Feuer ausbrach und am Ende alles wieder verkauft wurde. Was meinen Sie?"

Ich konzentrierte mich noch stärker auf die Energie des Ortes. Vor etwa hundert Jahren hatte es an dieser Stelle ein großes Feuer gegeben, und meinem Gefühl nach hatten dabei einige Menschen ihr Leben verloren. Das Land hatte sich an all das erinnert und unter dieser Erfahrung gelitten. Vorsichtig sendete ich ihm meine Hado-Kraft und sagte ihm, dass das Feuer vor hundert Jahren stattgefunden hätte, so dass es nicht länger leiden müsse. Einige Zeit später kaufte mein Klient das Land und lebt dort seither friedlich und ohne Probleme.

Wenn Sie auf der Suche nach einer neuen Wohnung oder einem neuen Haus sind, ist es also äußerst wichtig, nur ein Zuhause mit einem guten Hado auszuwählen, da es Ihr Leben direkt beeinflusst. Bitte nehmen Sie dieses Buch mit zu der Besichtigung, visualisieren Sie mich und bekommen Sie ein Gefühl für den Ort, ohne zu urteilen. Wenn es sich ungut anfühlt oder mein Gesicht auf dem Foto traurig aussieht, empfehle ich Ihnen, nicht dort einzuziehen.

HADO UND HELLSICHTIGKEIT

Hado öffnet die Tür zu hellsichtigen Fähigkeiten. Da ich bereits mein ganzes Leben über diese Fähigkeit verfüge, fällt es mir schwer, Ihnen zu beschreiben, wie ich diese Fähigkeit anzapfe. Es ist so, als wollte man eine Komponistin fragen, wie sie komponiert. Hado ist etwas, das ich tatsächlich in der Luft spüren kann. Sie können hellsichtig werden, wenn Sie Hado praktizieren, aber Sie werden es vielleicht nicht so wahrnehmen wie ich; jeder Mensch macht seine eigenen, einzigartigen Erfahrungen. Wenn Sie Ihre hellsichtigen Fähigkeiten kennen lernen möchten, kann ich Ihnen nur empfehlen, zu lernen, den Verstand zur Ruhe zu bringen, sensibel für Ihre Eingebungen zu werden und offen dafür zu sein, wohin Sie diese Entdeckungsreise führt.

Jetzt möchte ich Ihnen gerne einige von meinen Erlebnissen erzählen, bei denen ich Hado anwendete, um hellsichtig wahrnehmen zu können.

Ein Geschäftsmann namens Tanaka kam zu einer Beratung. „Ich würde gerne wissen, was Sie bei diesen Visitenkarten wahrnehmen", sagte er und überreichte mir mehrere. „Es handelt sich um wichtige Geschäftspartner." Ich legte alle Karten auf den Tisch und benutzte meine Hellsichtigkeit, um alle nacheinander zu visualisieren. Ich betrachtete die erste Karte und begann wahrzunehmen, dass ein Teil der Karte schwerer war als der andere. Ich konzentrierte mich weiter und begann, eine menschliche Gestalt in der Karte zu erkennen. Ich spürte, dass die Mitte des Körpers schwerer war und sah einen dunklen Schatten über dieser Stelle. Ich fragte mich, ob dieses Bild ein Problem mit den inneren Organen offenbarte oder ein Hinweis auf das Herz der Person sei. Es stellte sich heraus, dass letzteres zutraf.

„Ich sehe, dass diese Person hinterhältig ist. Ich frage mich, was diese Schwärze bedeutet. Wird er versuchen, Sie zu hintergehen, oder..."

Unglücklicherweise war Herr Tanaka bereits betrogen worden. Die betreffende Person war wegen ihres Vergehens bereits aus Japan abgeschoben worden, aber Herr Tanaka behielt ihre Visitenkarte in der Hoffnung, seine Schulden eintreiben zu können, denn es handelte sich um eine große Summe Geld.

Die nächste Visitenkarte verwirrte mich. „Ich sehe eine Schwärze über seinen Beinen. Sagen Sie dieser Person, sie solle vorsichtig sein." Drei Monate später wurden beide Beine der betreffenden Person bei einem Autounfall verletzt.

Ich nahm eine weitere Karte in die Hand. Sie gehörte einem der Angestellten, und ich sah, wie sich seine Beine hin- und herbewegten. „Welche Funktion hat dieser Mitarbeiter? Ist er ein Verkäufer?" „Er ist der Leiter unserer Verwaltung. Ich habe seine Karte mitgebracht, weil er in letzter Zeit nicht sehr glücklich aussieht. Ich habe das Gefühl, dass er bald kündigt."

Ich gab Herrn Tanaka einen Rat: „Warum geben Sie ihm nicht die Chance, im Verkauf zu arbeiten? Er ist sehr aktiv und kann es nicht ertragen, den ganzen Tag im Büro zu sitzen. Er liebt es, unterwegs zu sein und zu reisen."

Bei der vierten Visitenkarte sah ich Schwärze über dem Mund eines Mannes, aber die Luft war in Bewegung. Ich fand es interessant, also konzentrierte ich mich darauf, das Hado aus seinem Mund zu spüren. Die Luft fühlte sich angenehm und leicht an, was bedeutet, dass sein Mund Geld in geschäftlichen Angelegenheiten mit sich bringt. Aber gleichzeitig hatte ich ein ungutes Gefühl.

Ich riet ihm: „Er besitzt ein großes Mundwerk. Ihm trauen viele Menschen nicht über den Weg, aber er wird Ihnen schon bald eine große geschäftliche Chance ermöglichen. Wenn Sie ihn richtig führen, wird er Ihnen viel Geld einbringen."

Herr Tanaka sah mich zweifelnd an, aber irgendwie wusste er, was ich versuchte, ihm zu sagen. Ich fühlte, dass sein Hado voller Freude war.

Herr Suzuki, ein arbeitsloser Mann in den Vierzigern, kam zu mir und bat mich um Rat. Er beabsichtigte, ein Geschäft für Grabsteine zu eröffnen und dabei seine früheren Erfahrungen als Grabsteinverkäufer für ein großes Unternehmen zu nutzen.

„Wird das Geschäft erfolgreich sein?", fragte er. Vor meinen Augen erschien wie aus dem Nichts ein bestimmter buddhistischer Tempel, der an einer Straße liegt, die ich oft entlangfahre. Dieser Tempel wirkt auf mich aus irgendeinem Grund immer so, als würde er die ganze Zeit in einem hellen Licht erstrahlen. Ich notierte den Namen und die Adresse des Tempels und gab ihm die Informationen. „Ich selbst kenne niemanden in diesem Tempel persönlich, aber gehen Sie doch selber hin und suchen Sie Rat bei dem verantwortlichen Priester. Vor meinem inneren Auge sehe ich, wie Sie und der Priester gemeinsam voller Freude diesen Tempel reinigen."

Herr Suzuki fuhr direkt nach unserem Gespräch zu dem Tempel und sprach mit dem Priester über seine geschäftlichen Pläne. Daraufhin war der Priester gewillt, ihm Ratschläge zu erteilen.

Während Herr Suzuki sich auf die Öffnung seines Geschäftes vorbereitete, besuchte er den Priester regelmäßig im Tempel. Eines Tages sagte dieser zu ihm: „Es gibt da noch einen anderen Tempel, mit dem ich in Verbindung stehe. Aus meiner Sicht würden Sie einen großartigen Priester abgeben. Ich rate Ihnen daher, die notwendigen asketischen Übungen zu machen, um ein buddhistischer Mönch zu werden. Wenn Sie das tun, werde ich mich um alle nötigen Ausgaben kümmern, bis Sie das erreicht haben."

Die Worte des Priesters berührten das Herz des Mannes in so tiefer Weise, dass er voll Dankbarkeit dieses unerwartete und großzügige Angebot akzeptierte. Das asketische Übungsprogramm bewältigt er gut, und Herr Suzuki ist heute sehr zufrieden mit seinem neuen, erfüllten Leben.

Wie Sie sehen, Hado kann Informationen über die Vergangenheit, Gegenwart und die Zukunft liefern. Es kann Ihnen auch etwas darüber sagen, ob zwei Menschen zueinander passen. Ich wurde einmal zu einem Hochzeitsempfang eingeladen, zögerte aber irgendwie, teilzunehmen. Dennoch ging ich hin und wurde dann unerwartet gebeten, für die Gäste zu singen. Als professionelle Sängerin konnte ich mich dem Ansinnen nicht verweigern, also bat ich einen Pianisten, mich auf seinem Klavier zu begleiten. Seltsamerweise konnte ich das Klavier überhaupt nicht hören; und wie Sie sich vorstellen können, war mein Vortrag ein Desaster. Alle Anwesenden starrten mich völlig entsetzt an und waren sprachlos. Ich fragte mich, warum ich das Klavier nicht gehört hatte. Später kam ich darauf, dass die Hado-Energie beim Empfang vielleicht einen Einfluss auf den Klang des Klaviers gehabt hatte, so dass er nicht an meine Ohren drang. Ich sah es als schlechtes Omen an, und nicht lange danach hörte ich, dass sich das frisch vermählte Paar direkt nach den Flitterwochen getrennt hatte.

Eines Tages suchte mich eine Flötistin auf. Sie erzählte mir von einem Alptraum, den sie gehabt hatte. „Im Traum spielte und spielte ich, aber es kam kein Ton aus meiner Flöte. Das machte mich sehr nervös. Bitte senden Sie mir Ihre Hado-Energie, damit ich ohne Sorgen bei dem anstehenden Konzert spielen kann." Während ich ihr Energie schickte, benutzte ich meine hellsichtigen Kräfte und erhielt eine Vision. „Ich sehe das sanfte Fließen eines Flusses. Machen Sie sich keine Sorgen. Das Konzert wird ein Erfolg werden." Ihr Atem stockte. „Wie können Sie das wissen? Eines der Stücke, die ich spiele, hat ein Motiv über das ‚sanfte Fließen eines Flusses'. Ich bin total überrascht!"

Ich garantierte ihr, dass das Konzert ein Erfolg sein würde; ich legte ihr nahe, in vollem Vertrauen zu spielen und die Erfahrung zu genießen, aber sie war noch nicht überzeugt. Würden Sie bitte kommen und mir vor dem Konzert Ihre Energie senden?"

Ich besuchte sie wie versprochen im Proberaum und sandte ihr und dem Instrument meine Energie. Während ich die Probe beobachtete, sagten ihre Studenten: „Das klingt viel besser", und „Ich glaube, der Klang hat sich verbessert."

Natürlich verbesserte sich der Klang nicht nur durch das Hado. Meine Klientin hatte sich während des Spielens auf den Empfang meines Hados eingestellt, wodurch sich auch ihre Konzentration verbesserte. Außerdem spielte das Selbstbewusstsein eine große Rolle bei ihrem Erfolg: sie glaubte, alles werde gut verlaufen, da sie mein Hado erhalten hatte.

Eine Frau mit einem erschöpften Gesichtsausdruck kam zu mir und bat mich um Rat. „Meine Tochter lebt in Los Angeles," sagte sie. „Sie hat unendlich viel gelitten, denn ihr Mann schlägt sie; sie hat Angst davor, eines Tages getötet zu werden. Wenn ich in Los Angeles wäre, könnte ich ihr bestimmt irgendwie helfen, aber von hier aus kann ich nichts tun. Bitte helfen Sie meiner Tochter."

Ich schickte ihrer Tochter meine Hado-Kraft und erhielt hellsichtige Informationen. „Ihr Schwiegersohn schlägt Ihre Tochter, weil er Angst hat, sie zu verlieren," sagte ich. „Wenn sie jetzt versuchte, wegzulaufen, würde alles nur noch schlimmer werden. Ab jetzt werde ich Ihrer Tochter meine Energie als Schutz vor der Gewalt senden; Ihrem Schwiegersohn werde ich ebenfalls Hado schicken, damit er in der Lage ist, seine Wut zu beherrschen. Bitte geben Sie mir etwas Zeit und haben Sie Geduld. Halten Sie mich auf dem Laufenden, was mit den beiden geschieht."

Ich fuhr fort, der Tochter meine Energie zu senden und etwa einen Monat später rief mich dann die Mutter an: „Ich danke Ihnen sehr für Ihre Unterstützung. Meine Tochter sagt, dass die Gewalt ihres Mannes so gut wie aufgehört hat."

Ich war erleichtert, das zu hören, sagte dann aber: „Es ist Zeit für Ihre Tochter, die Scheidung einzureichen. Ich werde ihr auch weiter Energie senden, damit sie sich ohne Gefahr scheiden lassen kann. Bitte geben sie mir wieder Nachricht, wie die Dinge laufen."

Zwei Monate vergingen. Dann erhielt ich von der Mutter die gute Nachricht, dass die Scheidung vollzogen und ihre Tochter sicher nach Hause zurückgekehrt war.

Hado kann auch dazu verwendet werden, um verborgene Fähigkeiten bei Kindern zu entdecken. Eine Mutter suchte mich mit ihrer Tochter auf. „Meine Tochter leidet unter einer furchtbaren Hautreizung," sagte die Mutter. „Gibt es eine Möglichkeit, sie zu behandeln?" Der ganze Nacken der ernst wirkenden Sechzehnjährigen war entzündet.

Während ich meine Hado-Kraft anwendete, kam mir plötzlich etwas in den Sinn. Ich konnte in der Luft spüren, dass die Probleme dieses Mädchens durch Gesangsunterricht geheilt werden könnten. Also fragte ich die Tochter: „Singst du gerne?" Ihr Gesicht hellte sich sofort auf, und sie antwortete: „Oh ja, ich liebe es!" Ich riet der Mutter, die Krankheit ihrer Tochter weder mit Medikamenten noch mit Hado zu behandeln, sondern mit Gesangsstunden. Sie sah mich mit einem zweifelnden Ausdruck an. „Ist das wahr? Hat sie wirklich dieses Talent?" „Es ist verständlich, dass Eltern die verborgenen Talente ihrer Kinder übersehen. Wenn ich ihrer Stimme zuhöre, kann ich ganz klar erkennen, dass sie das Talent zum Singen hat." Nachdem sie sich meinen Vorschlag überlegt hatte, bat die Mutter mich, ihrer Tochter Gesangsunterricht zu geben. Schon bald zeigte sich ihr außergewöhnliches Talent, und ihre Krankheit heilte im Nu. Ihr Stress und die blockierten Energien hatten sich in der Form eines Hautleidens bemerkbar gemacht. Das Singen befreite das statische Hado, und das aktive, starke, positive Hado begann, sich frei zu bewegen. Indem sie ihren Stress reduzierte und ein starkes Selbstbewusstsein aufbaute, verbesserten sich ihre Schulnoten, und sie bestand mühelos die Aufnahmeprüfung für das Gesangsstudium.

Kinder sind voller Hado-Energie, die sie auf entspannte Weise abgeben müssen – auf eine Weise, die ihnen wirklich Freude macht.

Wenn Eltern zu sehr auf die Disziplin des Kindes achten, kann es seine Energie nicht gut freisetzen, was zu körperlichen Krankheitssymptomen führen kann. Jeder Mensch lebt sein ihm bestimmtes Schicksal, das ich in den Gesichtern der Menschen erkennen kann – besonders bei Kindern, da sie so rein sind und nie die Absicht haben, etwas zu verbergen oder vorzutäuschen; ihr Hado fließt so unglaublich weich. Ich fühle mich so machtlos, wenn ich ein schmerzliches Schicksal in dem Gesicht eines Neugeborenen sehe. Wenn Eltern alles tun, was sie können, um die wahren, verborgenen Talente ihrer Kindern zu entdecken und zu fördern, werden diese Kinder einen Traum und eine Hoffnung besitzen, die ihnen die Kraft und die Stärke gibt, mit ihrem Schicksal fertig zu werden. Eine unterstützende Umgebung, die Kinder und ihre besondere Hado-Energie ermutigt, ist von großer Bedeutung für alle Familien.

HADO UND HEILUNG

So wie Hado die Struktur von Materie verändert, kann es dies auch mit dem menschlichen Verstand und dem menschlichen Körper tun. Das ist, was Menschen Heilung nennen. Die meisten meiner Klienten suchen mich aus diesem Grund auf.

Häufig sage ich ihnen dann, dass sie erst einen Arzt aufsuchen sollen, bevor sie zu mir kommen. Ich tue das, wenn ich spüre, dass ein Symptom noch verborgen ist und noch nicht vollständig erkannt wurde. Viele Menschen vermeiden oft die einfachsten Schritte zur Selbstheilung – wie genügend Erholung und eine gute Ernährung –, bis sie ganz genau wissen, dass sie krank sind und die unleugbaren Anzeichen erkennen (besonders, wenn sie ein stressbetontes, vielbeschäftigtes Leben führen). Die Hado-Energie ist in der Lage, die Symptome und Probleme sichtbar zu machen, die im Inneren verborgen sind – und ich möchte meine Klienten nicht dadurch beunruhigen, dass ich Symptome beim Namen nenne. Ein anderer Grund für meine Empfehlung ist, dass ich den Zustand des Klienten aus der Sicht des Arztes erfahren möchte. Mit anderen Worten, die Diagnose aus einer dritten Perspektive hilft mir und meinen Klienten, den Fortschritt während des Heilungsprozesses zu erfassen. Wir können die Auswirkungen der Energie durch spezifische Merkmale wie den Cholesterinspiegel, die Größe des Tumors usw. erkennen. Außerdem habe ich bemerkt, dass Menschen, die an Krankheiten wie Krebs leiden (besonders im fortgeschrittenen Stadium), sehr viel schneller heilen, wenn der Tumor chirurgisch entfernt ist und die Hado-Kraft verwendet wird, um sich auf den Genesungsprozess zu fokussieren.

Hado ist am effektivsten in der Rekonvaleszenz und im Frühstadium einer Krebserkrankung. Es kann auch vor einer Operation nützen, weil es die Zellen zusammenbringt, die über eine größere Fläche verteilt waren, und es so den Chirurgen erleichtert, den Tumor herauszuschneiden. Wir alle sollten unseren gesunden Menschenverstand benutzen, wenn wir Hado anwenden. Hier handelt es sich nicht um Zauberei, und es sollte auch nicht verwendet werden, um die Schulmedizin zu ersetzen; doch unter den richtigen Umständen können die Resultate ein Wunder sein.

Wie ich bereits beschrieben habe, nehme ich die Luft bei Menschen, mit denen etwas nicht in Ordnung ist, als schwer und dicht wahr und sehe sie als schwarzen Schatten. Wenn beispielsweise jemand mit einem Leberproblem zu mir kommt, habe ich in der Regel eine Vision in der Form einer Leber, zusammen mit einem Gefühl der Schwere. Je schwerer dieser Teil ist, desto schwerwiegender ist die Erkrankung. Bei anderen Gelegenheiten sehe ich leichtes und reines Hado, was ein gutes Schicksal ankündigt.

Heilung mit Hado kann sowohl direkt als auch über eine Fernheilung durchgeführt werden. Dies ist eine weitere gute Seite an dieser Energie: Menschen, die von Hado profitieren, müssen nicht einmal wissen, dass ihnen jemand Energie sendet. Eine Fernheilung kann genauso gut funktionieren wie eine Heilung mit den Händen. Der einzige Unterschied zwischen beiden Varianten ist, dass das direkt übertragene Hado weicher ist, eine größere Fläche abdeckt und meist durch Berührung von Händen oder Fingern gesendet wird. Im Gegensatz dazu ist das Fern-Hado schärfer, besitzt mehr Geschwindigkeit und trifft direkt auf die Stelle, die Heilung benötigt.

Früher fühlte ich mich bei der direkten Heilung sicherer, da ich von Empfängern eine sofortige Rückmeldung bekam. Beim direkten Senden von Hado an einen Patienten bekomme ich von ihm Hado-Energie zurück. Als ich dann mit der Anwendung von Fernheilungen begann, bat ich meine Klienten stets um Rückmeldung, da ich mir der Effektivität nicht sicher war. Jetzt habe ich volles Vertrauen in diese Kraft und brauche keine zusätzlichen Informationen mehr. Tatsächlich ziehe ich inzwischen Fernheilungen der direkten

Heilung vor, denn die direkte Heilung verlangt auf physischer Ebene ihren Tribut. Die Reaktion von Kranken ist mitunter sehr anstrengend; meine Energie kann hinterher tagelang erschöpft sein. Wenn ich dagegen Fernheilungen mache, bleiben solche Rückmeldungen aus. Außerdem bin ich dadurch in der Lage, meine Zeit effektiver zu nutzen und meine Hado-Energie an viele weitere bedürftige Menschen zu senden.

Hado wirkt sogar, wenn es ohne bewusste Absicht gesendet wird. Eine Freundin rief mich wegen einer Erkrankung ihres Vaters an; seltsamerweise hörten die Symptome in dem Moment auf, als ich den Hörer abnahm. So wie es aussah, wurde ihr Vater in dem Moment, als ich die Nachricht bekam, sofort mit mir verbunden und erhielt mein Hado.

Manche Menschen sind sehr offen für Hado-Energie und können bereits nach wenigen Sitzungen geheilt werden; andere dagegen benötigen mindestens sechs Monate, um eine Verbesserung ihres Zustandes zu sehen.

Eine der Leserinnen meiner ersten Informationsschrift gehörte zu dieser zweiten Kategorie. „Ich dachte, Ihre Schrift über Hado würde bei mir etwas ganz Besonderes bewirken", sagte sie. „An jenem Tag, als ich Ihr Buch las, bekam ich eine furchtbare Lebensmittelvergiftung und musste mich drei Tage lang immer wieder übergeben." „Hatten Sie das Gefühl, dass Ihr Körper danach sauberer und leichter war?", fragte ich sie. „Ich spüre, dass Ihr Körper sehr sensibel auf Hado reagiert." Bis zu diesem Moment hatte sie noch keine Veränderung bemerkt. Erst später erzählte sie mir, dass sich ihre

Trinkgewohnheiten nach dieser Lebensmittelvergiftung deutlich verändert hatten. Früher hatte sie nie gewusst, wann sie mit dem Trinken aufhören musste, was immer wieder zu schrecklichen Katern führte. Nach der Vergiftung wollte sie nie mehr als zwei Gläser trinken; ihre Beziehung zu Alkohol hatte sich für immer geändert. Es schien, als wären alle negativen Gedanken und Gefühle, die sie jahrelang in sich getragen hatte, durch die Hado-Energie gelöst worden. Auch hatte Hado ihre verborgene Krankheit ans Licht gebracht. Ich glaube, sie wäre wahrscheinlich an Magenkrebs oder irgendeinem anderen Magenleiden erkrankt, wenn sie diesen Stress in ihrem Körper behalten hätte.

Bei meiner Arbeit sehe ich deutliche Parallelen zwischen Menschen mit Alkohol- oder Drogenproblemen und solchen, die an Geisteskrankheiten leiden. Irgendetwas ist in ihrem Inneren verborgen, das aufgedeckt und an die Oberfläche gebracht werden muss; andernfalls kann der Patient nicht geheilt werden. Ich erkläre den Familienangehörigen immer, dass die Symptome sich zuerst verschlimmern werden, bevor sie sich bessern können. Dies kann ein Schock sowohl für den Patienten als auch für die Familie sein. Der Erkrankte ist während der Behandlung auf den vollständigen Rückhalt durch seine Familie angewiesen.

Eines Nachts im August suchte mich eine meiner Gesangsschülerinnen auf, da ihre Mutter krank war. Sie wusste zwar, dass ich als Beraterin in einem Altersheim arbeitete, hatte aber keine Vorstellung von meiner Hado-Kraft. Ihre Mutter war so schwach, dass sie nur noch flüssige Nahrung in kleinen Mengen zu sich nehmen konnte. Die Ärzte sagten meiner Schülerin, ihre Mutter hätte nur noch drei Monate zu leben, wenn nichts unternommen würde und legten einen Operationstermin für Mitte September fest. Dabei wollten sie einen Einschnitt am Magen vornehmen und einen Schlauch einführen, um die Nahrung direkt verabreichen zu können.

Ich erzählte meiner Schülerin nun zum ersten Mal etwas über Hado und versprach, ihrer Mutter sofort Energie zu senden. Da sie nichts über Hado wusste, sah sie mich zuerst nur verwirrt an und war in keinster Weise überzeugt von dem, was ich sagte. Doch unabhängig davon sandte ich ihrer Mutter meine Energie.

Am nächsten Morgen rief sie mich an und sagte: „Frau Matsuzaki, heute morgen ist wirklich etwas Außergewöhnliches geschehen. Meine Mutter ist in der Lage, feste Nahrung zu sich zu nehmen! Gestern Abend war ich nicht sehr überzeugt von Ihren Hado-Kräften, aber ich danke Ihnen von ganzem Herzen dafür, was auch immer Sie für meine Mutter getan haben. Ich habe nicht mehr daran geglaubt, dass meine Mutter jemals wieder würde essen können." Die geplante Operation wurde bald darauf abgesagt.

Mich suchte eine Frau auf, die sich im Vorstadium von Krebs befand. Ich bat sie, sich hinzusetzen. Dann schickte ich ihr durch Berührung meine Hado-Kraft. Ich einer Vision sah ich einen kleinen Tumor in der Brust, hatte aber das deutliche Gefühl, dass er sich wieder zurückentwickeln würde, da er so klein war und sich noch nicht in einen Krebs verwandelt hatte. Glücklicherweise war ihr

Körper sehr empfänglich für Hado. Ich versicherte ihr, dass es ihr gut gehen werde.

Nachdem ich ihr genügend Energie geschickt hatte, gab ich ihr ein Foto von mir und sagte: „Berühren Sie, wann immer Sie Zeit haben, die Stelle, wo der Tumor sitzt und visualisieren Sie mich, indem Sie dieses Bild benutzen. Sie sind dadurch mit mir verbunden und empfangen meine Hado-Kraft." Sie bedankte sich und versprach, das täglich zu praktizieren.

Einen Monat später hörte ich großartige Neuigkeiten von ihr. Man hatte eine Lumpektomie (brusterhaltende Operation) durchgeführt und das Ergebnis zeigte keine Spur eines Tumors. Seltsamerweise konnte ihr Arzt nicht einmal eine Spur des Narbengewebes entdecken, das von einer früheren Gewebeuntersuchung stammte, die mit einer Nadel durchgeführt worden war. Hado hatte auf der zellulären Ebene gewirkt und diese Frau geheilt.

Ich habe viele ähnliche Fälle erlebt. Eine Klientin hatte einen Tumor an den Eierstöcken, der nach wenigen Tagen verschwand, nachdem sie meine Energie empfangen hatte. Bei einem anderen Klienten verschwand ein langwieriger Lungenkrebs innerhalb eines Tages, nachdem er Hado bekam. In beiden Fällen überprüften die Ärzte wiederholt die Röntgenbilder und sagten ihren Patienten, sie könnten sich das Resultat nicht erklären. Beide Klienten erzählten mir, sie hätten starke Schmerzen während der Energieaufnahme gehabt.

Hado ist keine Zauberei; aus diesem Grund leiden Patienten manchmal an den schmerzhaften Auswirkungen dieser sehr dynamischen Gesundung. Meiner Vorstellung nach bewegen sich die Zellen aufgrund der Hado-Kraft ziemlich schnell hin und her, um die Krebszellen zu zerstören, was den starken Schmerz auslöst. Der Unterschied zwischen denen, die für Hado empfänglich sind, und denen, die es nicht sind, liegt bei den Zellen. Natürlich spielen auch genetische Merkmale eine wichtige Rolle bei der Frage nach der Formbarkeit der Zellen. Zellen, die empfänglicher für Hado sind, sind einfach ein wenig weicher. Harte Zellen sind weniger auf Hado eingestimmt; sie sind nicht auf der gleichen Wellenlänge, und es braucht länger, um die Auswirkungen von Hado zu spüren. Nur die Plastizität der Zellen macht den Unterschied in der Empfänglichkeit der Zelle und der Geschwindigkeit der Heilung aus.

SELBSTHEILUNG

Manche Leute fragen sich, ob ich selbst auch körperliche Probleme erlebe; die Antwort lautet: Ja, natürlich. In solchen Fällen suche ich einen Arzt auf und nehme die Medikamente, die mir verschrieben werden; zusätzlich verwende ich meine Hado-Kraft, um mich selbst zu heilen. Wenn ich beispielsweise Probleme mit dem Magen habe, visualisiere ich meinen Magen vor meinen Augen und sende Hado an die betroffene Stelle. Oder wenn ich zum Zahnarzt muss, werde ich dem Arzt oder der Ärztin vor der Behandlung Energie senden, damit sie keinen Fehler machen, und dann sende ich mir die Energie selbst zu. Wenn ich krank oder erschöpft bin, habe ich einfach nicht die Kraft, mich selbst zu heilen, denn die Anwendung von Hado erfordert eine Menge Energie. In diesen Zeiten versuche ich, mir viel Ruhe zu gönnen.

KINDER UND HEILUNG

In der Regel können Kinder nach kurzer Zeit geheilt werden, in manchen Fällen sogar sofort. Ich führe das auf ihre Unschuld und ihre reinen Herzen zurück, und dass sie niemals ihren Verstand oder ihr Herz vor Hado verschließen und junge, weiche Zellen haben, die der Hado-Kraft eine schnelle Arbeit ermöglichen. Wenn ich meine Energie direkt in die Kinder sende, fangen sie an zu lachen. Einmal fragte ich ein Mädchen, warum es kicherte. Sie antwortete, sie hätte das Gefühl, etwas würde sich in ihrem Körper hin- und herbewegen, und es würde kitzeln.

Wenn mich Mütter aufsuchen, deren Kinder an chronischen Krankheiten leiden, bringe ich ihnen bei, wie sie die Hado-Kraft anwenden können, denn nichts ist stärker als die Liebe einer Mutter. Eines Nachts rief mich eine Mutter an, deren Sohn an einer sehr ernsten Lungenentzündung litt, und bat mich um Hilfe. Das Kind hatte hohes Fieber, und nach Ansicht des Arztes war es nicht sicher, ob es die Nacht überleben würde. Doch selbst wenn es überlebte, müsste es mit dauerhaften Spätfolgen leben. Ich schickte dem Kind mein Hado und hoffte auf seine Genesung. Am nächsten Tag war der Junge wieder völlig hergestellt, ohne irgendwelche Nachwirkungen. Seine Körpertemperatur wurde wieder normal, und auf dem Röntgenbild war keine Entzündung mehr festzustellen. Er wurde noch am gleichen Tag aus dem Krankenhaus entlassen.

Ein Kind mit einer schweren Hirnlähmung erlebte ebenfalls eine wundersame Genesung. Ein Ehepaar kam mit seinem Baby zu mir und bat mich, einfach nur meine Hado-Kraft an den Jungen zu senden. Ich verbannte alle Gedanken aus meinem Kopf und schickte ihm meine Energie. Plötzlich riefen die Eltern laut: „Er hat seinen Kopf bewegt! Er hat seinen Kopf bewegt!" Sie erklärten, dass ihr Sohn nach Aussage der Ärzte während seines ganzen Lebens nicht in der Lage sein würde, überhaupt einen Teil seines Körpers zu bewegen. Nach ihrem Besuch bei mir nahmen sie ihren Sohn mit ins Krankenhaus. Die Ärzte meinten, noch nie etwas Derartiges gesehen zu haben; sie sagten, dass ihr Sohn vielleicht schon bald in der Lage sein werde, seinen Kopf aufrecht zu halten.

TIERE UND HEILUNG

Heilungen mit Hado sind für Tiere genauso wirkungsvoll wie für Menschen. Sie können sogar noch effektiver sein, da Tiere reinen Herzens und für die heilende Kraft von Hado empfänglich sind.

Ich besitze zwei Hunde; beide wurden von meinen Nachbarn und meinem Tierarzt aufgrund der Art und Weise, wie sie sich von ihren Krankheiten erholten, als „Wunderhunde" bezeichnet. Als bei einem von beiden ein Krebs diagnostiziert wurde, wollte ich seine Heilung so unbedingt erreichen, dass ich ihn sogar festhielt, um ihm meine Hado-Kraft zu senden; eigentlich gehört er nicht zu der

Sorte Hund, die sich gerne anfassen lassen. Zuerst weigerte er sich, doch dann, glaube ich, verstand er, was ich zu tun versuchte, denn er wurde ruhig und akzeptierte die Situation. Schließlich schlief ich vor Erschöpfung ein und sandte dabei noch weiter Hado an meinen Hund. Am nächsten Morgen befand er sich immer noch auf meinem Schoß. Ich spürte, dass er geheilt war und nahm ihn mit zum Tierarzt, der mir bestätigte, dass der Krebs verschwunden war.

Mein anderer Hund, eine Hündin, litt unter einem ernsten Leberproblem. Eines Tages nahm ich sie mit zu einer Untersuchung bei dem gleichen Tierarzt. Unglücklicherweise war ihre Erkrankung bereits weit fortgeschritten, und sie sollte sofort in eine Tierklinik eingeliefert werden. Ich hatte aber eindeutig das Gefühl, sie solle stattdessen bei mir bleiben und nahm sie gegen den Rat des Arztes wieder mit nach Hause. Ich betete für ihre Genesung, wann immer ich Zeit hatte. Einen Monat später brachte ich sie zu einer erneuten Untersuchung zum Tierarzt. Er erklärte, der Bluttest zeige, dass die Leber wieder begonnen hatte, normal zu funktionieren. Außerdem sagte er: „Ehrlich gesagt, ich war überrascht, als Sie mit Ihrer Hündin hier auftauchten. Ich hatte erwartet, dass sie ohne die notwendige Behandlung in der Tierklinik einen Monat nicht überleben würde. Ihre Hunde überraschen mich immer wieder. Sie sind wirklich Wunderhunde."

Es kommen auch viele Menschen zu mir, die Hilfe bei der Suche nach ihren entlaufenen Katzen benötigen. Indem ich ihnen einfach nur zuhöre, weiß ich, ob ihre Katze gefunden wird oder nicht.

Wenn ich spüre, dass sie gefunden wird oder nach Hause kommt, sende ich ihr Hado, und die Katze wird immer gefunden.

HADO UND BESTIMMUNG

Hado kann auf das Schicksal von Menschen keinen Einfluss nehmen. Durch meine Arbeit als Heilerin habe ich das gelernt. Die folgende Geschichte soll das illustrieren.

Eine Klientin war am Telefon wegen ihres kranken Vaters. „Man hat bei ihm einen unheilbaren Krebs diagnostiziert; er hat wahrscheinlich nur noch sechs Monate zu leben. Können Sie irgendetwas für ihn tun?"

Ich benutzte meine hellsichtigen Fähigkeiten, um ihren Vater zu sehen. In einer Vision sah ich seinen Magen vergrößert vor mir, und ich sah überall nur Schwarz um ihn herum. „Leidet er an Magenkrebs?", fragte ich. Sie bestätigte das. Ich versuchte meine Kräfte weiter einzusetzen und spürte, dass ich seinen Krebs heilen konnte. Dies sagte ich auch meiner Klientin. „Ist das wahr? Sind Sie da absolut sicher?", fragte sie. „Ja", sagte ich. „Dennoch denke ich, dass er aus einem anderen Grund sterben wird. Ich kann sein Schicksal sehen." „Auch wenn Sie nur seinen Schmerz lindern können, senden Sie ihm bitte so bald wie möglich Ihre Hado-Kraft."

Ich begann, ihren Vater einmal in der Woche im Krankenhaus zu besuchen. Alles lief gut, und er fing an, sich immer leichter zu fühlen. Innerhalb von sechs Monaten wurde er aus dem Krankenhaus entlassen, und ich besuchte ihn weiterhin zu Hause. Meine Klientin freute sich sehr darüber, wie ihr Vater seine Gesundheit wiedererlangte.

Dann erhielt ich die traurige Nachricht vom Tod ihres Vaters. Meine Klientin richtete ihren ganzen Zorn auf mich und sagte, ich sei eine Hochstaplerin, die sie und ihren Vater betrogen hätte. Ich empfand Mitgefühl für sie, weil sie gerade ihren geliebten Vater verloren hatte. Sie hatte wirklich gehofft, er würde noch länger leben. Zur gleichen Zeit spürte ich, den Krebs geheilt zu haben.

Einige Wochen später erhielt ich einen Brief vom Anwalt dieser Frau. Ich wurde wegen Betrug verklagt. Das Schreiben machte mich darauf aufmerksam, dass eine Autopsie durchgeführt werden würde. Eine weitere Woche verging. Dann rief mich der Anwalt an, um mir mitzuteilen, dass die Frau ihre Klage zurückgezogen habe. Bei der Autopsie hatte man keinen Nachweis für einen Tumor erbringen können und man war zu dem Schluss gekommen, ein Herzinfarkt sei die Todesursache gewesen.

Diese Geschichte demonstriert, dass Hado bei Menschen, deren Zeit gekommen ist, Krankheiten nicht heilen, aber die Schmerzen lindern kann. Niemand kann das Schicksal eines anderen Menschen ändern. Es liegt nicht in unserer Hand.

III

BOTSCHAFTEN VON VERSTORBENEN

波動

Vor einiger Zeit begann ich, vermehrt Kontakt mit Menschen aufzunehmen, die kein Japanisch sprechen. Dabei habe ich oft das Gefühl, dass wir statt mit Worten mit unseren Herzen kommunizieren können. Es ist seltsam, aber viele Menschen, mit denen ich eine gewisse Zeit durch einen Übersetzer gesprochen habe, beginnen, mir zu antworten, bevor der Übersetzer den Mund öffnen kann. Wenn ich frage, wie sie mich denn überhaupt verstehen können, sagen sie, sie spüren die Antwort in ihrem Herzen. Wie es scheint, wirkt Hado auch über Telepathie, wenn die Menschen dabei ihr Herz vollkommen öffnen.

Das Gleiche geschieht, wenn Menschen Botschaften von Verstorbenen erhalten. Sie halten ihr Herz den Verstorbenen gegenüber vollkommen offen und sind bereit, ihnen zuzuhören. Ihr offenes Herz für diese Botschaften kann Ihnen Trost bringen, es kann Ihre Schmerzen lindern und Ihnen helfen, alle ungeklärten Fragen zu lösen, die noch im Raum stehen, seit der betreffende Mensch diese Welt verlassen hat. Unsere Seelen leben weiter, wenn wir gestorben sind. Manchmal möchten die Toten in Frieden ruhen, und hoffen ihn zu finden, wenn sie den Lebenden ihre Botschaften überbringen. Eine Möglichkeit, um mit den Menschen jener Welt zu kommunizieren, ist, Hado zu senden. Die Botschaften mögen einfach oder tiefgehend sein, sie sind in jedem Fall äußerst wertvoll für diejenigen, die noch leben und die Toten in ihrem Herzen lebendig halten wollen.

BOTSCHAFTEN EMPFANGEN

Um Botschaften von Verstorbenen bekommen zu können, braucht es am allermeisten Ihr Herz. Sie müssen den Toten gegenüber Mitgefühl, Respekt und Vertrauen empfinden; dann sind Sie in der Lage, sie vor Ihrem Angesicht zu visualisieren und ihnen zu sagen, dass Sie bereit sind, die richtige und passende Information zu empfangen. Als Hado-Meisterin empfange ich Botschaften von Verstorbenen oft als Visionen. In anderen Fällen höre ich Stimmen und nehme manchmal sogar Gerüche wahr, so, als ob die Dinge sich direkt vor mir befinden.

Eine Klientin sprach einmal über ihren kürzlich verstorbenen Schwiegervater. Plötzlich kam mir das Wort „Tofu" in den Sinn; ich fragte daher, ob sie etwas damit anfangen könnte. Sie blickte mich überrascht an und sagte: „Mein Schwiegervater liebte Tofu von ganzem Herzen, deshalb musste ich ihm jeden Tag etwas mit Tofu zubereiten." „Ich denke, Ihr Schwiegervater bittet Sie, manchmal etwas Tofu an seiner Stelle zu essen. Wenn Sie das nächste Mal Tofu zubereiten, denken Sie dabei an ihn und beten Sie dafür, dass seine Seele Ruhe finden möge. Er wird sich freuen, wenn Sie das tun."

Manchmal senden Verstorbene Botschaften mit einem Geruch. Eine Geschäftsfrau bat mich um Hilfe und fuhr mich zu ihren Häusern, die ich mir ansehen sollte. „In diesen Häusern wohnen nicht genug Mieter. Würden Sie ihnen bitte Ihre Hado-Kraft senden, damit wir gute Mieter bekommen, die hier einziehen?" Ich schickte also den Gebäuden meine Energie, als etwas Unerwartetes geschah.

„Ich nehme den Geruch von *Kimchi* (eine koreanische Spezialität: eingelegter Kohl mit Knoblauch) und Fisch wahr. Wissen Sie vielleicht, warum?" Sie schaute mich überrascht an. „Meine Großeltern stammen ursprünglich aus Korea, und ich habe diese Häuser mit ihrem Vermögen gebaut. Es muss sich um das Kimchi handeln, das meine Großmutter zubereitete. Sie stammte aus Pusan, einer Hafenstadt in Korea, und dort wird Fisch in das Kimchi getan." Ich schickte weiter Hado und hatte eine Vision von einer dicken, älteren Frau mit wundervollem grauen Haar und einem Lächeln auf dem Gesicht. Nach Ansicht meiner Klientin handelte es sich um ihre Großmutter. Ich vermutete, dass sie glücklich darüber war, meine Hado-Kraft zu erhalten.

Nachdem ich aufgehört hatte, Hado in das Gebäude zu schicken, bat mich meine Klienten, die Energie auch in das Haus nebenan zu senden. Diesmal hatte ich eine Vision von einem alten Mann mit einer Glatze und einem breiten Lächeln. Ich fragte sie, wer das sein könnte. „Das muss mein Großvater sein", antwortete sie. Die Großeltern meiner Klientin mussten beträchtliche Gefühle für diese Häuser haben, die mit ihrem Geld errichtet worden waren. Ihre Gedanken und Gefühle waren offensichtlich eng mit den Häusern verknüpft. Es wurde schließlich ein erfolgreiches Geschäft für meine Klientin; es zogen angenehme Mieter in die Häuser ein.

Verstorbene kommunizieren selten über Worte. Wenn Sie eine Botschaft für jemanden haben, zeigen sie mir diese gewöhnlich in einer Vision. Ich frage meine Klienten dann jedes Mal, warum ich diese Vision bekomme und was ihre Meinung dazu ist.

Für Eltern ist es ein großer Schmerz, wenn ihr Kind stirbt, besonders dann, wenn es noch jung ist. Ich möchte Ihnen zwei Geschichten über verstorbene Kinder erzählen, die mir Botschaften übermittelten.

Eine Mutter kam zu mir, deren Sohn bei einem Unfall gestorben war. „Ich glaube, mein Sohn möchte mir etwas sagen. Können Sie ihn hören?" Ich erklärte ihr, in meiner Vision sähe ich ein Fotoalbum und Schuhe. „Ich weiß," antwortete sie, „das ist das Album, in dem es Bilder von ihm von unserem Sommerfest gibt." Auf dieses Fest hatte er sich mehr als alles andere gefreut. Das Album war voller Erinnerungen an dieses Fest und war seinen Eltern sehr wichtig. Ich spürte, wie der verstorbene Sohn seine Eltern mit Freude betrachtete, wenn sie sich das Album ansahen. Als es um die Schuhe ging, sagte seine Mutter, sie mache sich immer noch Vorwürfe, weil sie vergaß, die Schuhe mit in den Sarg zu legen. Ich sagte zu ihr: „Ich glaube, ich hatte die Vision von Schuhen, weil sie sich deswegen so viele Gedanken machen. Bitten Sie Ihren Sohn um Erlaubnis, die Schuhe wegzuwerfen. Ich bin sicher, dass ihm das nichts ausmacht."

Jetzt können die Eltern das Fest zusammen mit den Freunden ihres Sohnes genießen und laden sie auch zu sich nach Hause ein. Selbst die kleinste Erinnerung wird so für die Familie des Verstorbenen etwas ungeheuer Wertvolles.

Ein älteres Paar hatte seine Tochter verloren. Die beiden zeigten mir ein Bild von ihr und sagten: „Unsere Tochter wurde bei einem Unfall getötet, als sie gerade achtzehn Jahre alt war. Können Sie uns sagen, wie sie über ihr kurzes Leben denkt? Da sie so jung gestorben ist, haben wir das Gefühl, dass sie vor ihrem Tod noch etwas tun wollte. Wenn es etwas gibt, das sie zurücklassen musste, würden wir es gerne für sie erledigen, damit sie in Frieden ruhen kann." Ich sandte der Tochter meine Energie und dann hörte ich sie sagen: „Vater, Mutter, macht euch keine Sorgen um mich. Mein Leben war kurz, aber ich habe alles getan, was ich tun wollte." Ich erklärte ihren Eltern, was ich gehört hatte. Sie begannen zu weinen und sagten: „Einige Tage vor ihrem Tod hat sie tatsächlich etwas in dieser Art gesagt. Jetzt sind wir uns sicher, dass sie ihr Leben voll ausgekostet hat, ohne dass etwas Unerledigtes zurückgeblieben ist. Haben Sie vielen Dank." Ihre Gesichter hatten einen friedlichen Ausdruck angenommen.

Manchen Menschen ist es bestimmt, nur für eine kurze Zeit zu leben; dennoch heißt das in keinem Fall, dass sie ihr Leben nicht voll und ganz gelebt haben. Diese Menschen scheinen innerlich zu wissen, dass sie nicht so viel Zeit zur Verfügung haben wie andere und erledigen das, was sie sich vorgenommen haben, bevor sie sterben.

In manchen Fällen beklagen sich Klienten, dass sie unter Gegenständen leiden, die mit einem Fluch behaftet sind. Nach meiner Erfahrung können Dinge Menschen verfluchen, aber es kommt nur selten vor. Die folgende Episode ist ein solcher Fall.

Eine Freundin bat mich um Rat wegen ihres 25-jährigen Neffen, der auf einer tropischen Insel lebte. Er war weder krank noch faul, aber seit drei Monaten nicht mehr aus seinem Bett aufgestanden. Ich schickte ihm meine Hado-Kraft und sah in meiner Vision eine nahegelegene Landschaft. Dann versuchte ich, ihn in seinem Bett zu visualisieren und zu meiner Verblüffung sah ich einen Schwanz aus seiner Hüfte kommen. Ich schickte weiter Energie, bis die ganze Form sichtbar wurde: es war eine Schildkröte. Ich riet meiner Freundin, ihre Schwester anzurufen und herauszufinden, ob sich eine Schildkröte im Haus befand. Tatsächlich gab es eine ausgestopfte Schildkröte, die in einem Schrank lag. Ich bat sie, das Tier herauszunehmen und schickte ihm dann meine Hado-Kraft. Nach kurzer Zeit hatte ich eine Vision, in der die Schildkröte voller Freude wieder ins Meer zurückkehrte. Zur gleichen Zeit rief mich die Mutter aufgeregt zurück: „Mein Sohn ist aufgestanden und wäscht gerade sein Gesicht. Ich habe ihn völlig entgeistert angesehen, und dann sagte er noch: ‚Mutter, ich habe Hunger. Kannst du mir etwas kochen?' Ich machte ihm etwas zu essen, und er aß alles mit Freude!" Einige Zeit später habe ich gehört, dass ihr Sohn seitdem wieder ein völlig normales Leben führt.

Ich bin der festen Überzeugung, dass dies keine gewöhnliche Schildkröte war; sie war außerordentlich klug und besaß ein besonderes Bewusstsein. Sie musste bei ihrem Tod sehr gelitten haben - ihre letzten Qualen und Gefühle blieben in unserer Welt hängen und übertrugen sich auf den Körper des Sohnes. Ich glaube nicht, dass es die Absicht der Schildkröte war, dem pflichtbewussten Sohn Schaden zuzufügen, aber sie wollte unter allen Umständen wieder zurück zum Meer und hatte keine andere Wahl, als das liebenswerteste Familienmitglied um Hilfe zu bitten.

Ich habe erkannt, dass ausgestopfte Tiere die stärksten Gedanken und Gefühle besitzen, die in unserer Welt zurückgelassen werden können und unser Leben beeinflussen. Die Auswirkungen sind unterschiedlich und hängen davon ab, ob ein Tier unter Qualen sterben musste oder sofort und ohne Schmerzen gestorben ist. Bei einem schmerzvollen Tod bleiben die Gedanken in unserer Welt zurück und können zu einem Fluch werden (ich konnte übrigens keine Probleme erkennen, wenn jemand Muscheln bei sich zu Hause aufbewahrt). Ich hoffe, dass Sie durch die Lektüre dieses Buches Ihre eigene Hado-Kraft entwickeln. Dann können Sie mit verstorbenen Tieren, die sich in ihrem Heim befinden, Kontakt aufnehmen und sich ein eigenes Urteil bilden.

Wenn Verstorbene den Wunsch haben, den Lebenden ihren Schmerz und ihr Leid mitzuteilen, beeinflussen sie vielleicht die Gesundheit ihrer Kinder oder eines anderen, der mit ihnen verbunden ist. In solchen Momenten ist es meist der sensibelste und liebenswerteste aus der Familie, der Gedanken oder Qualen aufnimmt, die in dieser Welt zurückgelassen wurden. Die Toten haben niemals die Absicht, jemanden zu verfluchen oder heimzusuchen; sie haben nur den Wunsch, die Lebenden ihr Leid wissen zu lassen und es nach Möglichkeit zu beseitigen. Und da die andere Welt eine Welt der Ewigkeit ist, entfernen Sie dieses Leid für alle Zeiten, selbst wenn bereits viele Jahre seit dem Tod vergangen sind. Sie können häufig beobachten, dass, wenn Menschen auf der anderen Seite durch die Liebe der Lebenden geheilt werden; sich ebenfalls der Schmerz der Lebenden auflöst, oder sie auf mysteriöse

Weise Geschenke erhalten. Die folgenden Geschichten werden ein Beispiel dafür sein.

Eine alleinstehende Frau in den Dreißigern rief mich an und sagte mit trauriger Stimme, ihr Körper würde sich sehr schwer anfühlen. Ich besuchte sie daraufhin zu Hause. Während unseres Gesprächs erzählte sie mir von ihren verstorbenen Eltern und zeigte mir Fotos von ihnen. Ich begann, meine Hado-Kraft in die beiden Fotos zu senden und benutzte dazu meine Hände – die rechte Hand für die Mutter, die linke für den Vater. Meine rechte Hand begann plötzlich zu zittern. „Wissen Sie, warum meine rechte Hand zittert, nicht aber meine linke?", fragte ich. „Vielleicht, weil meine Mutter Selbstmord begangen hat", antwortete sie. „Machen Sie sich keine Sorgen. Ich werde ihr meine Energie senden, so dass sie sich gut fühlen wird." Einige Minuten später hörte meine Hand auf zu zittern. „Ihr Schmerz ist aufgelöst. Nun ruht sie in Frieden", erklärte ich ihr. Kurz darauf begann sie zu strahlen. „Vielleicht ist es nur Einbildung, aber ich fühle, dass mein Körper viel leichter geworden ist." Nach einem kurzen Moment fuhr ich fort, der Tochter Energie zu senden und beobachtete vorsichtig, wie ihre Bewegungen geschmeidiger wurden. Ihre Körperhaltung war so entspannt, als ob sie tanzen würde.

In einem anderen Fall kam eine verwitwete Frau in den Vierzigern zu mir und beklagte sich über furchtbare Nackenschmerzen, und kein Arzt hatte ihr helfen können. Auch ihr Teint war ungesund (sie sah wirklich unheimlich aus). Ich versuchte, mit Hilfe meiner hellsichtigen Fähigkeiten und Hado etwas herauszufinden und hatte die

Vision einer jungen Frau, die der Witwe ähnelte. Sie war von ihrer Schwiegermutter misshandelt worden; sie kroch über den Boden und war vor Schmerzen wahnsinnig. „Haben Sie irgendeine Vorstellung, worum es geht?", fragte ich die Witwe, nachdem ich ihr meine Vision beschrieben hatte. „Ja, meine Nachbarin erzählte mir die Geschichte einer Frau, die vor einigen Generationen von ihrer Schwiegermutter misshandelt und später umgebracht wurde. Ich habe gehört, dass ich dieser bedauernswerten Frau sehr ähnlich sehe." Ich sandte Hado-Energie an die tote junge Frau. Ich war mir sicher, dass sie die Witwe, die wie ihr Spiegelbild aussah, heimgesucht hatte, um sie von ihrem Schmerz wissen zu lassen.

Urplötzlich hellte sich das Gesicht der Witwe auf und verwandelte sich in einen friedlichen Gesichtsausdruck. Sie lächelte und sagte: „Es ist komisch. Mein Körper fühlt sich leichter an, und der Schmerz um meinen Nacken herum hat sich aufgelöst." Ich sagte ihr, dass der Schmerz der jungen Frau aufgelöst worden sei. Ich hatte das Gefühl, dass sie gerne heißen Tee trank, als sie noch am Leben war; deshalb riet ich der Witwe, eine zusätzliche Tasse Tee einzugießen, wenn sie selber Tee trank, und für ihren Frieden zu beten.

Manchmal können die Gefühle von Lebenden wie ein Geist umherwandern. Hado kann sehr effektiv dazu beitragen, die Emotionen wieder zu ihrem Ausgangspunkt zurückzusenden. Eine meiner Freundinnen machte eine solche Erfahrung. Ihre Schwiegertochter schien von einem Geist heimgesucht zu werden. Nach ihrer Aussage spürte sie zu Hause irgendeine Gegenwart, und die Schwaden der Räucherstäbchen, die sie anzündete, folgten ihrer Schwiegertochter durch das Haus. Für mich klang das nach einem für Geister eher ungewöhnlichen Verhalten. Ich benutzte deshalb meine hellsichtigen Fähigkeiten, um herauszufinden, um was es sich handelte. Es war kein Geist; es war eine starke Emotion, die von einer lebenden Person stammte. Ich schickte dieser Energiemasse meine Hado-Kraft und forderte sie auf, dahin zurückzukehren, wo sie hergekommen war. Meine Freundin rief mich wieder an und berichtete, dass die Rauchschwaden ihrer Schwiegertochter nicht mehr folgen würden und sich ganz normal auflösten. Später sagte sie mir, dass die Energie möglicherweise von dem Exmann ihrer Schwiegertochter stammte. Nach ihrer Vermutung hatte er möglicherweise davon gehört, dass seine Exfrau wieder glücklich verheiratet war, und war deswegen eifersüchtig.

Wenn wir starke Emotionen erzeugen, senden wir diese Energie direkt an andere, ob uns das bewusst ist oder nicht.

Ich besuchte einmal das Haus eines alten Ehepaares. Nachdem wir uns begrüßt hatten, zeigte mir der Mann das Foto einer Frau. „Das ist meine Tochter", sagte er. Ich wusste sofort, dass sie ermordet worden war. „Ist sie eines unnatürlichen Todes gestorben", flüsterte ich, und er nickte schweigend. Dann fragte er: „Können Sie uns sagen, was wirklich mit ihr passiert ist?" Ich begann, eine Vision von Wasser zu haben – dem Meer. „Ist sie ertrunken?", fragte ich. „Ja, die Leiche meiner Tochter wurde an einem Meeresufer gefunden", sagte er. „Ich weiß nicht, ob ich Ihnen das sagen soll ... Sie wurde ermordet und der Mörder ist bis jetzt noch frei. Stimmt das?" Beide Eltern nickten stumm und hatten Tränen in den Augen. „Können Sie sehen, wer unsere Tochter umgebracht hat?" Ich sah einen Mann, der sie von einem Boot stieß. Es war der Ehemann der Tochter. Ich erzählte, was ich gesehen hatte. „Ich wusste es", sagte ihr Vater. „Nach ihrem Tod erschien mir meine Tochter im Traum und sagte: ‚Vater, bitte höre mir zu. Mein Mann hat mich umgebracht.' Ich aber hatte keine Möglichkeit zu beweisen, dass sie mir wirklich im Traum erschienen war. Aus diesem Grund habe ich Sie gebeten, zu uns zu kommen", erklärte er. „Er wird dafür bezahlen müssen", sagte ich zu den Eltern. „Ihr Schwiegersohn wird anschwellen wie ein Ochsenfrosch und sterben." Der Vater antwortete: „Er ist bereits tot, Frau Matsuzaki. Wenn er noch am Leben wäre, würde ich alles tun, um ihn ins Gefängnis zu bringen. Tatsächlich ist er an einem Lungenödem gestorben, und seine Lungen waren voller Wasser."

Wenn Menschen einen tragischen Tod erleiden – durch Unfälle oder Gewalteinwirkung – haftet ihr Schmerz und Leiden sehr stark an dem Ort, an dem sie gestorben sind. Aus diesem Grunde sollten Sie niemals die Schauplätze von Unglücken, Tragödien oder Krieg einfach nur aus Vergnügen besuchen. Die starken Gefühle, die dort freigesetzt wurden, erfordern Frieden und Stille. Wenn Sie Besuche an solchen Orten nicht vermeiden können, erweisen Sie den Toten die letzte Ehre und stören Sie niemals diejenigen, die dort ums Leben kamen.

Bevor wir diese Welt verlassen, versammeln sich unsere verstorbenen Verwandten oder Lieben, um uns in die nächste Welt zu geleiten. Ich selbst habe das bereits erlebt, als eine Freundin kurz bei mir vorbeikam, während ihr Mann im Auto wartete. Sie besucht mich regelmäßig, aber an diesem Tag war sie in Begleitung zahlreicher Geistwesen, von denen eines europäisch aussah. Überwältigt von dem Anblick, fragte ich: „Hat jemand in deiner Verwandtschaft in Europa gelebt?" Sie bestätige dies, wunderte sich allerdings darüber, dass ich so viele Geistwesen sah. Später hörte ich, dass ihr Ehemann einen Herzinfarkt erlitten hatte – dreißig Minuten nach ihrem Besuch. Diese Geister waren seine Führer, die gekommen waren, um den Übergang zu erleichtern.

Nachdem ich dies jetzt begriffen habe, fürchte ich mich nicht länger vor dem Tod. Wenn meine Zeit gekommen ist, bin ich mir gewiss, meinen Vater und meinen Sohn wiederzusehen; sie werden meine Führer sein, um mir bei meinem Übergang zu helfen. Ich spüre den Geist meines Sohnes oft an meiner Seite. Ich nehme ihn wie Luftblasen in unglaublich schönen Regenbogenfarben wahr. Beim Abendessen biete ich ihm ein Glas Bier an, wenn ich seine Gegenwart wahrnehme, denn Bier hat er geliebt – und ich kann spüren, wie er sich beschwert, wenn ich es vergesse. Mein Sohn liebte es auch zu rauchen, deshalb biete ich ihm manchmal eine Zigarette an. Wenn ich seinen Geist in meiner Nähe spüre, zünde ich oft eine Zigarette an, die auch nach dem Anzünden anbleibt; aber ohne seine Gegenwart ausgeht. Ich glaube, er ist auch nach seinem Tod immer noch sehr beschäftigt und hilft seinen Freunden von der anderen Welt aus. Aber er ist immer an meiner Seite, wenn ich seine Unterstützung brauche. Als ich das erste Mal die USA besuchte, kam er nicht mit. Ich wurde von einem Freund begleitet; er dachte, ich käme auch ohne ihn zurecht. Als ich New York zum zweiten Mal besuchte und mit der Absicht kam, dieses Buch zu schreiben, war er bei mir. Er wollte mich inspirieren, während ich an dem Buch arbeitete, außerdem wollte er sehen, wie sich sein wahres Geschenk an mich entwickeln würde.

WAS NACH DEM TOD GESCHIEHT

Viele Leute fragen mich, was geschieht, wenn wir sterben. Aus meiner Erfahrung als Hado-Meisterin weiß ich, dass der Geist in eine andere Welt übergeht und dabei seine letzten Gedanken und Gefühle zurücklässt. Außerdem weiß ich, dass sich aller Schmerz auflöst und liebe Verstorbene uns in der anderen Welt willkommen heißen. Die Art und Weise des Todes ist unerheblich – Krankheit, Unfälle, Krieg oder gar Selbstmord – am Ende herrscht immer der gleiche Frieden und die gleiche Ruhe. Daher ist der Tod nichts Unangenehmes, besonders nicht für die, deren Herz in dieser Welt gebrochen ist und die große Sorgen oder Schmerzen haben. Es ist ein Glück zu sterben, wenn die Zeit gekommen ist. Je länger wir uns an diese Welt klammern, desto mehr müssen wir leiden.

Die Trennlinie zwischen dieser Welt und der jenseitigen ist sehr dünn; Verstorbene werden zu Schutzengeln, die ihre Lieben retten, wenn diese Hilfe benötigen. Sie sind glücklich, wenn wir glücklich sind, teilen mit uns die gleiche Traurigkeit und sind uns von der anderen Seite behilflich. Andererseits glaube ich, dass Babys – besonders wenn sie diese Welt verlassen, bevor sie sprechen können – direkt zu Gott gehen. Ich besuchte einmal das Grab eines Babys und fragte, wo es sich den befände. Ich sah, wie es mit dem Daumen im Mund friedlich schlief. Es antwortete, es sei bei Gott. Ich stellte ihm noch weitere Fragen, aber es fiel zurück in seinen himmlischen Schlaf. Ich glaube, Babys sind so rein und unschuldig, dass sie die Freiheit haben, sich auszuruhen, ohne sich Gedanken um die Dinge auf der Erde machen zu müssen.

Als Hado-Meisterin bin ich zu bestimmten Überzeugungen gekommen, was das Leben nach dem Tod betrifft. Ich weiß nicht, ob ein Himmel existiert, aber ich weiß mit Sicherheit, dass es keine Hölle gibt. Wenn es eine Hölle gäbe, warum gibt es dann so etwas wie Schicksal oder Leid in dieser Welt? Das Wichtigste ist, dass wir unser Leben bis zum Äußersten leben. Ich werde oft zum Thema Reinkarnation befragt. Ich glaube, es wäre zu schmerzlich für eine Seele, wenn sie sich dem Schicksal und den Sorgen dieser Welt erneut aussetzen müsste. Frühere Leben hängen mit unseren Vorfahren zusammen, und zukünftige Leben mit unseren Nachkommen.

Ich bin fest davon überzeugt, dass das, was wir „Karma" nennen, existiert. Was auch immer Sie anderen angetan haben, kehrt in irgendeiner Weise zu Ihnen zurück, ob Sie etwas Gutes oder etwas Schlechtes getan haben. Wenn man die zirkulierende Natur von Hado betrachtet, ist es leicht, dieses Konzept zu verstehen. Sobald es freigesetzt wird, kehrt es zu Ihnen zurück. Wenn Sie schlechtes

Karma erschaffen und seinen Folgen in diesem Leben entgehen können, wird es zu Ihren Nachkommen zurückkehren. Wenn Sie dagegen Gutes taten und es nicht zu Ihnen zurückkehrte, solange Sie noch am Leben waren, werden Ihre Kinder oder Enkelkinder von Ihrem guten Karma profitieren. Wenn Sie sich viel Mühe gegeben haben, dabei aber keinen Erfolg hatten, werden Ihre Kinder oder Enkelkinder den Erfolg entgegennehmen, der Ihnen gebührt. Manchmal werden die Lieder eines Künstlers erst nach seinem Tod populär, oder ein Film über eine verstorbene Person oder das Buch eines verstorbenen Autors werden populär und die ganze Welt spricht darüber. Diese Künstler bekamen zu Lebzeiten vielleicht nicht die angemessene Anerkennung für ihre harte Arbeit, aber ihr Erfolg lebt weiter. Wenn Sie sich über die Konsequenzen Ihres Verhaltens vollkommen im Klaren sind, werden Sie erkennen, warum es so wichtig ist, sein Leben bis zum Äußersten zu leben – ungeachtet des Erfolgs oder Misserfolgs – mit einem guten Herzen und guten Absichten.

IV

ENTWICKELN SIE IHRE HADO-KRAFT

波
動

Alle Menschen verfügen über Hado-Kräfte. Wenn ein Kind Magenkrämpfe hat, legen ihm die Eltern instinktiv die Hände auf und streichen sanft über den Magen hin und her. So benutzen sie ihre Hado-Kraft, ohne sich dessen bewusst zu sein. Geht es Ihren Freunden schlecht, umarmen Sie sie und legen Ihre Hände auf ihre Schultern, um sie aufzuheitern. Sie senden auf diese Weise unbewusst Ihre Energie. So einfach ist es.

Das Ausmaß der Hado-Kraft ist allerdings bei jedem anders, denn die Energie wird von Körpern freigesetzt, und jeder Körper ist einzigartig. Nach meiner Erfahrung haben schmale, magere Menschen grundsätzlich weniger Energie zur Verfügung als große und kräftige Menschen, die sehr aktiv sind und prinzipiell mehr Energie abgeben als andere. Sollte Ihnen kein Überfluss an Energie zur Verfügung stehen, dann können Sie ihn auch nicht für andere verwenden. Haben Sie dagegen von anderen gehört, dass Sie gut kochen oder massieren können, besteht die große Wahrscheinlichkeit, dass Sie über starke Hado-Kräfte verfügen. Hado kann auch vererbt werden. Wenn Sie der Meinung sind, dass eines Ihrer Familienmitglieder starke Hado-Kräfte besitzt, sind Ihre Chancen gut, selbst über eine solche Energie zu verfügen.

Wenn Sie feststellen, dass Ihnen ein Überfluss an Hado-Energie zur Verfügung steht, dann praktizieren Sie bitte Hado so oft Sie können und verwenden es zum Wohle der Menschheit. Sollten Sie allerdings nur über eine geringe Menge Hado-Energie verfügen, müssen Sie nicht enttäuscht sein. Wir haben unterschiedliche Aufgaben, und jede einzelne davon ist wichtig.

Jeder und jede von uns hat mehr als genügend Kraft, um durch Übung sich selbst und den Nächsten beizustehen. Durch Liebe wird die Hado-Kraft um ein Vielfaches stärker. Ich selbst habe viele Beispiele dafür gesehen, wie Menschen durch wiederholtes Üben ihre Hado-Kraft entwickeln konnten und sie verwendet haben, um ihr Leben und das ihrer Lieben zu verbessern. Am allerwichtigsten ist es allerdings, dass Sie die Übungen täglich praktizieren; so werden Sie spüren, wie Ihre Energie zunimmt.

Obwohl jeder Einzelne über Hado-Kräfte verfügt, müssen Sie mit einer bestimmten Begabung geboren sein, um die Meisterebene erreichen zu können. Jeder Mensch kann z. B. Fußball spielen, aber nur diejenigen mit einem besonderen Talent können professionelle Spieler werden. Um Hado-Meister zu werden, müssen Sie zuerst physisch und psychisch gesund sein. Zweitens brauchen Sie starke ethische und moralische Werte, denn wenn Sie Hado auf eine negative Weise verwenden, werden Sie nicht nur anderen, sondern auch sich selbst aufgrund des zirkulierenden Charakters von Hado Schaden zufügen. Hado-Meister sind auch in der Regel in der Mitte ihres Lebens angekommen, denn Sie benötigen erst eine gewisse Lebenserfahrung, um Mitgefühl zu entwickeln und die Gefühle anderer Menschen verstehen zu können.

Wenn Sie beginnen, mit Ihrer Hado-Kraft zu üben, gibt es ein paar Dinge, auf die Sie achten sollten. In den vorigen Kapiteln habe ich detailliert beschrieben, wie ich Hado wahrnehme und sende; trotz allem ist jedoch die Art und Weise, in der Sie Hado spüren oder anwenden, immer individuell unterschiedlich. Bitte entwickeln Sie

Ihre eigene Vorgehensweise, wenn Sie üben und praktizieren. Vielleicht entdecken Sie, dass Sie in manchen Bereichen bessere Ergebnisse erzielen als in anderen. Mein Sohn war beispielsweise sehr gut in der Lage, Hinweise auf den Verbleib von Menschen oder Dingen zu geben, was nicht unbedingt meine Stärke ist; dafür kann ich beschreiben, was sie empfinden. Entdecken Sie durch Ihre Übungen, wo Ihre eigenen Stärken liegen.

Wenn Sie sich krank oder schwach fühlen, stellen Sie bitte zuerst Ihre Gesundheit wieder her, bevor Sie mit der Hado-Kraft üben oder sie anwenden, denn sie benötigt eine Menge Energie und Lebenskraft. Wenn Sie jemanden heilen möchten, der Ihnen nahe steht, sollten Sie zuerst einen Arzt ausfindig machen, der den Zustand dieser Person untersucht, besonders dann, wenn eine ernsthafte Erkrankung vorliegt.

Verwenden Sie die Hado-Kraft *niemals* für negative Zwecke. Manche Menschen versuchen sie anzuwenden, indem sie z. B. Löffel verbiegen, aber ich empfehle, Hado nicht im mindesten für irgendeine destruktive Absicht zu verwenden, und sei der Anlass noch so gering. Wenn Sie versucht sein sollten, die Hado-Kraft für etwas Zerstörerisches einzusetzen, dann erinnern Sie sich bitte daran, dass Hado sich in Kreisläufen bewegt und früher oder später zu Ihnen zurückkehren wird. Selbst wenn Sie den Folgen in diesem Leben entgehen können, wird es zu Ihren Kindern und Kindeskindern zurückkehren. Manchmal wirkt Hado in einer Weise, die nicht zu erwarten war oder die das menschliche Verständnis übersteigt. Es neigt auch dazu, Geheimnisse oder Dinge, die verborgen sind, direkt vor den Augen der Menschen zu enthüllen. Selbst wenn Sie also versuchen, Hado für kriminelle Absichten zu benutzen, ist die Wahrscheinlichkeit hoch, dass die Behörden in irgendeiner Weise davon erfahren. Ich habe z.B. mehrfach erlebt, wie nach der Reinigung von Häusern die dort lebenden Paare schließlich auf eigenartige Weise herausfanden, dass es eine heimliche Liebesaffäre gab, oder es kommen alte Lügen ans Tageslicht, die dazu führen, dass das Paar sich trennt oder sogar scheiden lässt. Die Natur neigt am Anfang dazu, erst die wahre Grundlage eines Problems zu enthüllen; andernfalls kann sie nicht bis zu den Wurzeln des Problems vordringen.

Die Hado-Kraft kann so gut wie alles bewirken. Es folgt eine Liste mit den Fähigkeiten, die Sie entwickeln können, wenn sie die nachfolgenden Übungen praktizieren:

- Zwischen Gutem und Schlechtem unterscheiden
- Die Grundstruktur von Materie verändern (z. B. den Geschmack von Wasser oder Nahrung)
- Die Bedeutung von Zeichen verstehen
- Helfen, Krankheiten zu heilen (physisch und psychisch)
- Die verborgenen Talente von Menschen entdecken (besonders von Kindern)
- In die Vergangenheit oder Zukunft blicken
- Botschaften von Verstorbenen erhalten
- Leid und Schmerzen der Lebenden und der Toten beseitigen

ÜBUNGEN ZUR ENTWICKLUNG DER HADO-KRAFT

Denken Sie bitte daran: das Wichtigste ist, Hado jeden Tag zu üben. Vielleicht betrachten Sie auch mein Bild oder haben das Buch bei sich, während Sie üben, damit Sie mit meiner Hado-Kraft verbunden sind. Lassen Sie uns nun beginnen.

1. Hado spüren

Übung A: Entwickeln Sie Ihre Sensibilität für Hado, indem Sie versuchen, den Unterschied in der Schwere der Luft zu spüren: einmal, wenn Sie sich außerhalb von Zuhause aufhalten und dann, wenn Sie zu Hause sind. Dabei gibt es selbst in kleinen Räumen Unterschiede in der Dichte der Luft; in der Regel ist die Luft in den Ecken schwerer als im Rest des Zimmers. Versuchen Sie, das Hado in einem Zimmer zu spüren, indem Sie die Luft mit beiden Händen anheben. Dann begeben Sie sich in ein anderes Zimmer und wiederholen den Vorgang. Sie können so das Gewicht der Luft spüren und den Unterschied erfassen.

Wenn Sie oft genug üben, werden Sie nach und nach in der Lage sein, den Unterschied in der Luft wahrzunehmen. Wenn Sie dann beispielsweise auf der Straße spazieren gehen, beginnen Sie zu spüren, welche Häuser ein warmes und angenehmes Hado ausstrahlen und welche nicht, ohne dass Sie wissen, wer in diesen Häusern wohnt. Zuhause können Sie dann versuchen, die Stelle mit der besten Hado-Energie zu spüren. (Normalerweise ist dieser Platz bereits von Ihrem Haustier besetzt.)

Übung B: Hören Sie Musik. Einige Sänger besitzen Hado-Kräfte und übertragen die Energie auf ihre Lieder. Das ist der Grund, warum manche Lieder in Ihrem Herzen bleiben, obwohl die Sänger keine große Stimme oder Technik besitzen. Finden Sie heraus, ob Sie das Hado durch bestimmte Sänger oder Stücke noch besser wahrnehmen können.

Übung C: Besuchen Sie ein Museum. Vielleicht erspüren Sie, dass manche Bilder oder Skulpturen ein stärkeres und leichteres Hado besitzen. Wenn es gutes Hado ist, dann versuchen Sie, diese Energie zu empfangen. In Museen mit antiken Ausstellungsstücken oder Gräbern werden Sie vielleicht von dem bedrängenden Hado des Gebäudes überwältigt. Wenn Sie dieses Gefühl haben, dann schützen Sie sich vor dem negativen Hado, indem Sie sagen: „Ich verschließe mich gegen schlechtes Hado", oder Sie benutzen eine andere Methode, die für Sie funktioniert.

Übung D: Senden Sie Hado an ein Gemälde oder ein Foto. Nachdem Sie genügend Energie gesendet haben, werden Sie überrascht sein zu erkennen, dass die Farben lebendiger und ausgeprägter sind – die Kunstwerke werden regelrecht dreidimensional. (Tatsächlich bitten mich manche Künstler, ihren Werken meine Hado-Kraft zu senden, bevor sie an einem Wettbewerb teilnehmen.)

Übung E: Wenn Sie gerne Sportübertragungen sehen, können Sie die Hado-Kraft üben, indem Sie sich Wettkämpfe anschauen. Anfänger sollten mit Sportarten beginnen, in denen sich nur zwei Menschen gegenüberstehen, wie etwa Boxen oder Fechten. Vor dem Kampf vergleichen Sie die Dichte der Luft, die von beiden Kontrahenten ausströmt, und raten dann, wer von beiden gewinnen wird. (Sie müssen dabei nicht persönlich anwesend sein; Hado kann auch aus der Entfernung wahrgenommen werden.)

2. Die Struktur materieller Objekte verändern

Übung A: Gießen Sie etwas Wasser in ein Glas. Trinken Sie das Wasser und nehmen Sie seinen Geschmack wahr. Halten Sie dann das Glas für einige Minuten in der Hand und visualisieren Sie mich. Trinken Sie wieder etwas Wasser aus dem Glas. Versuchen Sie herauszufinden, ob Sie einen Unterschied wahrnehmen; wenn nicht, schütten Sie das Wasser aus und füllen neues Wasser nach. Wiederholen Sie diesen Vorgang so lange, bis Sie einen Unterschied feststellen können.

Übung B: Schneiden Sie einen Apfel in zwei Hälften. Legen Sie die eine Hälfte in den Kühlschrank. Nehmen Sie die andere Hälfte mit in ein anderes Zimmer und senden Sie ihr Ihre Hado-Kraft hinein. Stellen Sie sich die Bewegung der Luft in diesem Raum vor. Richten Sie dann Ihren Blick auf einen kleinen Punkt auf der Oberfläche des Apfels, bewegen Sie die Luft hinein und stellen Sie sich nun einen Punkt vor, aus dem die Luft austreten soll; dann lassen Sie die Luft an dieser Stelle wieder hinaus. Machen Sie diese Übung mindestens fünf Minuten lang. Zum Schluss essen Sie zuerst die Hälfte aus dem Kühlschrank und danach die Hälfte, der Sie Ihre Hado-Kraft geschickt haben. Schmecken Sie den Unterschied?

Übung C: Stellen Sie Blumen an zwei verschiedenen Plätzen in einem Raum auf. Betrachten Sie eine der Blumen häufiger als die andere. Geben Sie nur dieser Blume Ihre Aufmerksamkeit und senden Sie ihr Hado-Energie. Denken Sie intensiv, dass sie länger gesund bleiben und länger leben wird. Sie werden erleben, dass die Blume, der Sie mehr Aufmerksamkeit geben, länger frisch bleiben wird als die andere.

3. Heiltechniken erlernen

Nachdem Sie erfolgreich den Geschmack von Wasser oder Äpfeln verändern konnten, beginnen Sie jetzt, Heiltechniken zu erlernen. (Sie können natürlich auch mit dieser Lektion beginnen, wenn jemand krank ist, der Ihnen nahe steht.) Wenn Sie jemandem Ihre Hado-Energie geben wollen, ist es wichtig, dass Sie die Erlaubnis dieser Person besitzen, besonders dann, wenn Sie die Person berühren müssen. Es ist immer eine gute Idee, Fenster und Fensterläden in diesem Raum zu öffnen, bevor Sie mit der Anwendung beginnen, damit die negative Hado-Energie des Kranken den Raum verlassen kann.

Übung A: Reiben Sie die betreffende Stelle sanft mit Ihren Händen. Dabei visualisieren Sie mich, damit Sie mit meinem Hado verbunden sind. Reiben Sie so lange, bis die kranke Person sich leichter und wärmer fühlt.

Übung B: Schaffen Sie Ausgänge für Hado, indem Sie an bestimmten Stellen des Körpers Druck ausüben. Wenn Sie Ihre Hado-Kraft in den Arm senden möchten, drücken Sie vorsichtig Ellenbogen, Finger und die Handfläche. Wenn Sie Energie in die Beine senden, drücken Sie die Fußsohlen; für Kopf, Nacken oder Schultern drücken Sie am Scheitel, an den Schläfen oder am Genick. Der Druck muss nicht stark sein; Sie brauchen die Stellen nur sanft zu stimulieren. Zum Schluss spüren Sie die Bewegung der Luft. Versuchen Sie zu erspüren, wie die Hado-Teilchen, die Schneeflocken ähneln, innerhalb des Raums zirkulieren. Richten Sie Ihren Blick auf einen kleinen Punkt in der Nähe der betroffenen Stelle und bewegen Sie das Hado direkt hinein. Stellen Sie sich vor, wie das Hado im Körper zirkuliert und dann an den Stellen austritt, die Sie geschaffen haben. Üben Sie dies, solange Sie die Konzentration aufrechterhalten können.

Wenn Sie Ihre Hado-Kraft in den Körper eines anderen Menschen senden, kann es sein, dass sein Magen anfängt, Geräusche zu machen, oder die Person beginnt, sich wärmer zu fühlen. Dies sind gute Anzeichen dafür, dass Ihre Hado-Kraft stärker wird.

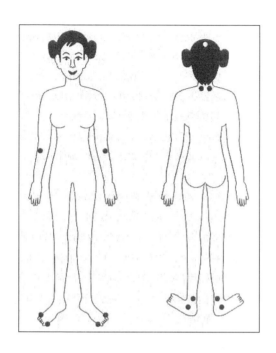

Übung C: Wenn Sie Hado an jemanden senden möchten, der nicht in Ihrer Nähe wohnt, brauchen Sie nur an ihn zu denken; die Person wird Ihr Hado erhalten. Wenn Sie dabei noch effektiver sein wollen, visualisieren Sie mich, schließen dann die Augen und spüren die Person direkt vor sich. Nehmen wir an, die betreffende Person hat Probleme mit dem Herzen. Visualisieren Sie die vergrößerte Form eines Herzens vor sich und senden Sie Ihr Hado direkt an die betroffenen Stellen, indem Sie Ihre Finger als Antennen benutzen.

Übung D: Wenn Sie die Selbstheilung durch Ihre Hado-Kraft ausprobieren wollen, versuchen Sie einmal folgendes: Lassen Sie zuerst warmes Wasser in die Badewanne einlaufen. Dann senden Sie Ihre Hado-Kraft hinein und visualisieren dabei mich und weiße, schneeflockenartige Teilchen. Legen Sie sich dann in die Wanne und genießen Sie das warme Wasser, das mit der Hado-Kraft angereichert ist. Sie können dabei auch die Techniken aus Übung B und C ausprobieren, um sich selbst zu heilen. In diesem Fall sollten Sie versuchen, sich die ganze Zeit über zu entspannen.

ZUSÄTZLICHE HADO-ÜBUNGEN

Den Geschmack von Nahrung verändern

1. Wenn sie kochen, dann sollten Sie mit Liebe kochen und sich wünschen, dass Ihr Gericht schmackhaft sein wird und alle dieses Essen genießen werden. Achten Sie darauf, wie das Essen schmeckt. Das nächste Mal denken Sie dann an jemanden, den Sie nicht ausstehen können, oder an ein Ereignis, über das Sie sich geärgert haben. Können Sie den Unterschied zwischen beiden Gerichten schmecken? (Machen Sie diese Übung allerdings nicht zu oft, denn Kochen mit Hassgefühlen ist auf längere Sicht keine gute Idee.)

2. Backen Sie Brot, dann wünschen Sie sich ein schmackhaftes Brot und visualisieren mich dabei. Vergleichen Sie den Geschmack mit einem anderen Brot, dem Sie nicht diese Aufmerksamkeit zukommen lassen.

3. Stellen Sie zwei Flaschen Bier in den Kühlschrank. Senden Sie aus der Ferne vorsichtig Hado in eine der Flaschen. Wenn Sie das Gefühl haben, dass genügend Energie geflossen ist, öffnen Sie die Flaschen. Bevor Sie aus derjenigen Flasche trinken, in die kein Hado geflossen ist, visualisieren Sie, dass alles Hado aus dieser Flasche entfernt wird für den Fall, dass irrtümlich Hado in die Flasche gelangt ist. Schmecken Sie den Unterschied.

Selbstheilungstechniken

1. Visualisieren Sie die kranke Stelle und senden Sie Hado dorthin. Beispielsweise leiden Sie an einem Magengeschwür; möglicherweise erkennen Sie einige Stellen in Ihrem Magen, die dunkler sind; senden Sie Ihre Hado-Kraft nun in diese dunklen Stellen. (Effektiver ist es, wenn Sie diese Technik in der Badewanne anwenden, da Ihre Zellen im warmen Wasser weicher sind.)

2. Visualisieren Sie Ihren Körper. Drücken Sie dann sanft auf Ihren Scheitel, um einen Ausgang für negatives Hado zu schaffen. Visualisieren Sie nun, wie die Luft sich in Ihre Füße hinein und dann durch den ganzen Körper hinauf bis zum Kopf bewegt. Wenn Sie diese Übung machen, kann es sein, dass sich Ihr Körper wärmer anfühlt, da Ihr Blut jetzt besser zirkuliert.

Heilungstechniken

1. Visualisieren Sie vor sich die kranke Stelle bei der Person, die Sie heilen möchten. Dann visualisieren Sie die gleiche Stelle in Ihrem Körper, nur um einen Vergleich zu haben. Wenn ich bei einem Patienten ein Magengeschwür sehe, erscheinen mir die betroffenen Stellen schwarz; wenn es Krebs ist, sehe ich die betroffenen Stellen weiß. Bei Ihnen kann es jedoch anders aussehen. Senden Sie Ihre Hado-Kraft in die betroffenen Stellen.

2. Nehmen Sie ein Blatt Papier und einen Stift zur Hand. Zeichnen Sie die Umrisse von zwei Menschen. (Die Zeichnung kann sehr einfach gehalten werden.) Stellen Sie sich vor, dass Sie die eine Person sind und die andere Person ist die, die Sie heilen möchten. Dann halten Sie Ihre Hand über die Zeichnung und spüren den Unterschied zwischen den Figuren. Vielleicht können Sie wahrnehmen, dass die kranke Person sich schwerer anfühlt, oder Sie spüren die Krankheit auf eine andere Weise. Wenn Sie weiter fortgeschritten sind, spüren Sie vielleicht, dass ein Körperteil sich schwerer anfühlt als die anderen. Nachdem Sie den Unterschied wahrgenommen haben, senden Sie Ihre Hado-Kraft in die Zeichnung des Patienten und hoffen auf seine Genesung. Wenn Sie Hado senden, beginnen Sie bei den Füßen oder Beinen und lenken die Energie dann zu den Händen oder zum Kopf.

Andere Gelegenheiten

1. Wenn jemandem ein Missgeschick widerfahren ist, visualisieren Sie die betreffende Person und senden ihr Hado von den Füßen ausgehend zu den Händen oder zum Kopf. Vielleicht benutzen Sie die Technik des Hochhebens der Luft, die ich vorhin beschrieben habe. Diese Technik ist ursprünglich dazu da, um Unterschiede in der Luft wahrzunehmen, aber sie ist ebenso nützlich, wenn Sie jemandem Hado senden wollen.

2. Wenn Sie Ihren Haustieren Hado senden möchten, dann senden Sie die Energie von unten zum Kopf hin, so als würden Sie die Luft hochheben. Wenn Sie das Tier direkt behandeln, drücken Sie sanft am Kopf, um einen Ausgang für negatives Hado zu schaffen, bevor Sie die Energie senden.

Bei den Übungen sollten Sie nicht versuchen, Ihre Ziele gleich am ersten Tag zu erreichen. Üben Sie täglich Schritt für Schritt. Das ist der Schlüssel, um Ihre Hado-Kraft zu stärken.

GLAUBEN SIE AN WUNDER – AUCH SIE KÖNNEN SIE BEWIRKEN!

Wie ich schon öfter sagte, die Hado-Kraft kommt aus Ihrem Herzen. Nur allein dadurch, dass Sie an jemanden denken oder sich Sorgen um ihn machen, senden Sie Ihre Hado-Kraft an diesen Menschen, und das kann Dinge wirklich verändern. Können Sie sich vorstellen, wieviel Sie erreichen könnten, wenn Sie Ihre Hado-Kraft entwickelt haben?

Ich glaube an Wunder; ich glaube, dass ich mit meiner Hado-Kraft Veränderungen im Leben der Menschen bewirken kann. In der Regel bete ich für ihre Genesung oder ihr Glück, wenn ich die Energie sende. In schwierigen Fällen verbanne ich allerdings sämtliche Gedanken aus meinem Kopf, so als würde ich eine Zen-Meditation praktizieren. Ich gebe mich dann ganz dieser Aufgabe hin, denn ein Mensch kann etwas erreichen, das weit über seine normalen Fähigkeiten hinausgeht, wenn er alle müßigen Gedanken aus seinem Bewusstsein verbannt. Mit dieser Technik können Sie sogar Wunder bewirken.

Doch nichts ist stärker als die Liebe. Wenn ich Wunder bewirken kann, können auch Sie Wunder für Ihre Lieben bewirken.

V

TIPPS FÜR EIN GESÜNDERES UND GLÜCKLICHERES LEBEN MIT HADO

波動

STAGNIERENDE LUFT IN IHREM ZUHAUSE

Wenn Sie bei sich zu Hause oder im Büro eine Klimaanlage haben, sind Sie auch sicher, dass sie richtig arbeitet? Es ist wirklich sehr wichtig, dass die Luft in geschlossenen Räumen in Bewegung ist und die Möglichkeit hat, zu entweichen; andernfalls beginnt sie, schlechtes Hado abzugeben. Beispielsweise haben Hotels mit vielen Gästen ein leichtes und gutes Hado, da das kontinuierliche Öffnen und Schließen der Türen für eine gute Zirkulation der Luft sorgt.

Ich habe in den Häusern von vielen meiner Klienten häufig stagnierende Luft vorgefunden. Ihnen ist das Problem oft erst gar nicht bewusst, da sie sich daran gewöhnt haben, in einer solchen Umgebung zu leben. Eine Klientin rief mich an und erzählte Folgendes: „Mein Vater leidet bereits seit längerem an einer Autoimmunerkrankung. Vielleicht hat er diese Schwäche entwickelt, weil er schon seit längerem den ganzen Tag zu Hause bleibt. Seit kurzem klagt er auch über Schmerzen in der Brust. Jetzt liegt er im Krankenhaus. Könnten Sie ihm Ihre Hado-Kraft senden? Es tut weh, ihn schon so lange leiden zu sehen."

Ich wandte meine hellsichtigen Fähigkeiten an, um mir ihren Vater anzusehen. Ich erkannte, dass seine Probleme mit dem Haus zu tun hatten. „Ich glaube, ich muss mir sein Haus einmal näher ansehen; andernfalls wird mein Hado in diesem Fall nicht seine volle Wirkung entfalten können", sagte ich zu ihr.

Als wir das Haus betraten, wurde ich von einer dunklen, verhangenen Luft regelrecht überwältigt. Ich sagte: „Bitte öffnen Sie *sofort* die Fenster und lüften Sie überall!" Erst nachdem die ganze stehende Luft entfernt war, begann ich, meine Hado-Kraft in das Haus zu senden.

Ihr Vater befand sich zu dieser Zeit im Krankenhaus und hatte keine Ahnung von dem, was in seinem Haus vorging; trotzdem fiel ihm auf, dass er genau in dem Moment keine Schmerzen oder Übelkeit mehr in seiner Brust verspürte, als sich die Veränderung in seinem Haus ereignete. Ein anderer Patient sagte ihm am selben Tag, er habe eine wesentlich bessere Gesichtsfarbe. Außerdem verschwand der Schatten auf seiner Lunge, der sich auf dem Röntgenbild gezeigt hatte, nachdem ich dem Haus mehrere Male hintereinander Energie gesendet hatte. Die Ärzte entließen ihn schließlich ohne Zögern aus dem Krankenhaus.

Reinigen Sie deshalb die Luft bei Ihnen zu Hause. Öffnen Sie alle Fenster, Türen oder Fensterläden und ersetzen Sie die schlechte, stehende Luft durch Luft aus der Natur, die voller gutem Hado ist. Benutzen Sie die Technik des Händehochhebens aus Kapitel 4 und finden Sie heraus, in welchen Räumen die Luft schwerer ist. Versuchen Sie dann, die Luft in Richtung eines Fensters in Bewegung zu setzen, besonders die schwere Luft. (Eine gute Idee ist, dazu einen Fön zu benutzen.) Bewegen Sie die Luft in den oberen Ecken mit besonderer Sorgfalt, denn an diesen Stellen hält sich das negative Hado gewöhnlich auf.

Gutes Hado aus der Natur empfangen

Am einfachsten bekommen Sie gutes Hado in der Natur: ein Spaziergang im Wald, ein Picknick an einem sauberen, gesunden Bach oder ein Ausflug an den Strand. Dieses Hado bleibt allerdings nur vorübergehend in Ihnen; Sie sollten deshalb so oft wie möglich den Kontakt zur Natur suchen. Einmal traf ich eine Freundin, die ein außergewöhnlich schönes und kraftvolles Hado aussandte. Ich hätte mich gerne längere Zeit in ihrer Nähe aufgehalten; sie erzählte, dass sie gerade vom Strand zurückgekehrt sei. Das gleiche, kraftvolle Hado habe ich auch in Hawaii kennen gelernt. Als ich dort war, verschwanden meine Rückenschmerzen, so dass ich sie beinahe gänzlich vergaß. Als wir dann auf dem Rückflug wieder Japan erreichten, kehrte der Schmerz zurück. Es ist wirklich kein Wunder, wenn so viele Menschen ihren Urlaub an solchen besonderen Orten verbringen und alte Menschen dort ihren Lebensabend verbringen möchten!

Wenn Sie in der Stadt leben und keine Zeit für einen Ausflug haben, oder wenn Sie immer gutes Hado um sich haben möchten, sollten Sie möglichst viele Pflanzen zu Hause haben. Pflanzen geben ohne Ausnahme gutes Hado ab; je stärker der Stamm ist, desto mehr Hado kann eine Pflanze weitergeben. Und falls Sie vorhaben sollten, in nächster Zeit Ihr Zuhause zu renovieren, wäre es eine gute Idee, sich einen Parkettboden legen zu lassen, denn Holz gibt ein angenehmes und kraftvolles Hado ab. Wählen Sie dabei nach Möglichkeit eine größere Stärke; je dicker das Holz, umso stärker das Hado.

Von Blumen sollten Sie allerdings nicht erwarten, dass ihr Hado Ihr Zuhause reinigen wird. Blumen verwenden ihre gesamte Energie zum Blühen; Sie sollten sie daher nur wegen ihrer Schönheit genießen.

WIE SIE IHREN SCHMUCK WIEDER ZUM STRAHLEN BRINGEN

Schmuck ist häufig in direktem Kontakt mit dem Körper und neigt dazu, Ihre negative Energie zu absorbieren. Mit Hilfe Ihrer Pflanzen können Sie auch Ihren Schmuck reinigen. Zuerst öffnen Sie alle Fenster und Fensterläden; dann legen Sie Ihren Schmuck an die Wurzeln von kräftigen Pflanzen und lassen ihn dort für eine Weile liegen. Sollte Ihr Schmuck eine Menge negativer Energie aufgenommen haben, können Sie ihn ruhig den ganzen Tag dort lassen. Sie werden auch einen Unterschied feststellen, wenn Sie den Schmuck ans Fenster legen und ihn an einem warmen, sonnigen Tag Luft und Sonne aussetzen. Nachdem der Schmuck gereinigt ist, werden Sie erstaunt sein, wie strahlend, hell und klar er wieder ist.

NEGATIVE BESETZUNGEN ENTFERNEN

Wenn unbelebte Objekte menschliche Gedanken und Gefühle aufgenommen haben, entwickeln sie in der Folge eine eigenständige

Energie. Manchmal geben sie dann negative Energien an ihre Umgebung ab, ohne dass die Bewohner sich dessen bewusst sind.

Ich erhielt einen Anruf von einer Frau, die sich darüber beklagte, dass etwas in ihrem Haus nicht in Ordnung sei. Ihr Sohn hatte jede Nacht Alpträume; außerdem befände sich etwas Unheimliches in seinem Zimmer. Ich spürte, dass sich die Luft in einer oberen Ecke seines Zimmers verdichtet hatte und fragte meine Klienten, ob sich dort etwas Auffälliges befinden würde. Sie konnte sich an nichts erinnern, und so sagte ich, dass ich zu ihr nach Hause kommen würde.

Dort angekommen, betrat ich das Kinderzimmer und untersuchte sorgfältig die besagte Ecke. Wie erwartet hing dort etwas an der Wand – eine kleine Maske aus dem Ausland. Das Gesicht auf der Maske sah traurig und niedergeschlagen aus. Ich fragte meine Klientin: „Woher haben Sie die? Und haben Sie den Preis runtergehandelt, als Sie sie kauften?" Sie hatte die Maske auf einer tropischen Insel erworben und den Künstler dabei um einen Nachlass gebeten. Daraufhin sagte ich: „Ich glaube, dieser arme Künstler saß den ganzen Tag und arbeitete mit seinem ganzen Herzen an dieser Maske in der Hoffnung, damit genug Geld verdienen zu können. Doch Sie haben wegen des Preises mit ihm gehandelt, so dass er nicht genug bekam, um damit etwas für seine Familie tun zu können. Sein Herz steckt in dieser Maske." Damit begann ich, Hado in die Maske zu senden, in der Hoffnung, seine Enttäuschung heilen zu können. Nach einer Weile verwandelte sich dann der Gesichtsausdruck der Maske und wurde friedlich. Danach konnte der

Sohn wieder in Ruhe tief schlafen, obwohl ihm seine Mutter niemals erzählte, was wirklich geschehen war.

Gehen Sie also durch Ihr Haus oder Ihre Wohnung und machen Sie Inventur. Achten Sie auf alle Empfindungen, die Ihnen begegnen, und auf alle Objekte, von denen eine Schwingung ausgeht – besonders, wenn sie vorher jemand anderem gehörten. Machen Sie dann einen Versuch und entfernen Sie diese Gegenstände für eine bestimmte Zeit, um zu sehen, ob es irgendeine Wirkung hat. Wenn sich das Hado in Ihrem Zuhause verbessern sollte, dann entfernen Sie diese Objekte für immer.

WÄHLEN SIE IHR NEUES ZUHAUSE SORGFÄLTIG AUS

Gedanken und Gefühle der Menschen, die ein Haus oder eine Wohnung bewohnt haben, übertragen sich auf diesen Ort. Manchmal sind die alten Gefühle so stark, dass sie Verhalten und Gefühle der neuen Bewohner bestimmen können. Ich bin mir sicher, dass es so etwas wie Häuser oder Wohnungen gibt, in denen es „spukt". An solchen Orten haben sich die Gefühle der Verstorbenen so tief eingeprägt, dass sogar Menschen, die sonst nicht für Hado empfänglich sind, diese Energie wahrnehmen können. Ich habe auch Orte erlebt, wo sich gute und freudvolle Energien der vorher dort lebenden Menschen eingeprägt hatten.

Seien Sie also vorsichtig, wenn Sie das nächste Mal auf der Suche nach einem neuen Zuhause sind. Wenn Sie aber bereits eingezogen sind und dort schlechtes Hado wahrnehmen, schlage ich vor, dass Sie die Luft so oft wie möglich austauschen, besonders dadurch, dass Sie die Luft in den Ecken in Bewegung bringen. Kaufen Sie außerdem kräftige Pflanzen mit dicken Stengeln und stellen Sie diese an Plätze, wo sich Ihrem Empfinden nach schlechtes Hado staut. Und wenn das alles nicht wirklich helfen sollte, dann denken Sie vielleicht darüber nach, ob Sie woanders hinziehen, denn Ihre physische und psychische Gesundheit ist das Allerwichtigste.

Wenn Sie nicht umziehen können, möchten Sie vielleicht folgende Methode ausprobieren: wählen Sie einen sonnigen Tag, um Ihr Zuhause zu reinigen. Zuerst setzen Sie Salzwasser an; dann öffnen Sie alle Fenster, Türen und Fensterläden und stellen die Klimaanlage oder Ventilatoren an, falls Sie so etwas zur Verfügung haben. Bitten Sie alle Anwesenden, nach draußen zu gehen und dort zu bleiben, bis das Ganze vorüber ist. Gießen Sie nun das Salzwasser rund um das Haus herum auf die Erde und bitten das Salz, das Gebäude zu reinigen. Gleichzeitig versuchen Sie, mich zu visualisieren. Zum Schluss sollten Sie die Luft in allen Räumen visualisieren, wie sie sich zu den Ausgängen bewegt (also zu Türen und Fenstern) und das Gebäude verlässt. Wiederholen Sie diese Visualisierung, bis die gesamte alte Luft entwichen ist. Bleiben Sie dem Haus dann noch für mindestens zehn Minuten fern, denn Sie möchten sich sicher nicht der dichten, negativen Hado-Energie aussetzen, die gerade ihr Haus verlässt.

DIE GESETZE DER NATUR VERSTEHEN

Selbst wenn Sie viel gutes Hado aufnehmen, können sie nicht davon profitieren, wenn Sie schlechte Absichten haben sollten.

Früher habe ich meine Hado-Kraft auf leere Audiokassetten oder CDs übertragen und diese dann meinen Klienten gegeben, wenn ich das Gefühl hatte, dass sie zusätzlich Unterstützung benötigten. Sie sollten so direkt meine Energie erhalten und sie abspielen, wann immer sie welche brauchten. Wenn die Bänder oder CDs dann kaputtgingen, sollten sie weggeworfen werden, denn ihre Lebensdauer war abgelaufen, und sie hatten all meine Hado-Kraft im Austausch für die negativen Energien weitergegeben. Krebspatienten, die meine Kassetten benutzten, berichteten, dass das Band zu Asche zerfiel, wenn es kaputtging. (Ich frage mich, ob auch die Tumore im Körper regelrecht zu Asche wurden.) Einmal gab ich einem Klienten, es war ein junger Mann, ein solches Band, der mich schon nach kurzer Zeit wieder anrief und berichtete, die Kassette sei schon kaputtgegangen. Da ich wusste, dass er sehr gesund war, fragte ich ihn nach seinen Gedanken oder Wünschen zu dem Zeitpunkt, als das Band kaputtging. Er sagte, er hätte darum gebeten, nicht von der Polizei erwischt zu werden, wenn er sich mit seinen Freunden ein Autorennen auf der Straße lieferte! Ich glaube, selbst das Tonband fühlte sich angesichts eines solchen Wunsches wirklich schlecht.

Seien Sie Ihren Schutzengeln dankbar

Ich werde oft gefragt, ob wir alle einen Schutzengel haben. Wir Japaner glauben, dass unsere nächsten Verwandten (in der Regel unsere Eltern oder Großeltern) nach ihrem Tod zu unseren Beschützern werden; aus dieser Sicht hat natürlich jeder Mensch einen Schutzengel. Diese Engel geben auf Sie Acht, egal, wo Sie sich befinden. Sie müssen für Ihre Schutzengel auch nichts Besonderes tun, aber es ist eine gute Idee, ihnen Ihre Dankbarkeit zu zeigen, wenn Sie das Gefühl haben, vor etwas beschützt worden zu sein, oder wenn Sie glücklich sind. Wenn Ihre Schutzengel glücklich sind, spüren Sie vielleicht eine Kälte im Raum, so als ob die Temperatur gefallen wäre.

Suchen Sie nach der Bedeutung von Zeichen

Es ist immer gut, darüber nachzudenken, welche Bedeutung es hat, wenn Dinge auf eine seltsame Weise kaputtgehen oder verschwinden. Dies könnte ein Zeichen dafür sein, was auf Sie zukommt. Vor einer Veränderung oder einem bedeutenden Ereignis wird Ihnen oft ein solches Zeichen gegeben. Wenn Sie Ihre Empfänglichkeit für Hado erhöhen, beginnen Sie, die verborgenen Botschaften in Ihrem Alltag zu erkennen. Zeichen können positiv oder negativ sein. Wenn Sie das Gefühl haben, ein schlechtes Zeichen zu sehen, beten Sie und bitten Ihre Schutzengel, Sie zu beschützen. Ist es ein gutes Zeichen, zeigen Sie Gott und Ihren Schutzengeln Ihre Dankbarkeit.

Wenn Gegenstände Ihretwegen kaputtgehen, dann danken Sie ihnen für ihr Opfer.

BRINGEN SIE MITGEFÜHL FÜR ANDERE AUF

Wenn Sie einem Krankenwagen begegnen oder schlechte Nachrichten im Radio oder im Fernsehen mitbekommen, senden Sie den Betroffenen Ihr Mitgefühl. Wie Sie jetzt wissen, wird Hado schon dadurch an andere Menschen gesandt, wenn man für sie Mitgefühl empfindet oder auf diese Weise an sie denkt. Beten Tausende von Menschen in guter Absicht für die gleiche Sache, wird die Kraft dieses Gebetes um ein Vielfaches verstärkt. Wenn immer mehr Menschen beginnen, die Kraft von Hado zu verstehen und sie folglich richtig anwenden, können wahrhaftig Wunder bewirkt werden.

MIT SCHWIERIGKEITEN RICHTIG UMGEHEN

Meine Erfahrung als Hado-Meisterin hat mir gezeigt, dass jeder von uns ein Schicksal hat. Vielleicht fühlen Sie sich nach einem langen, harten Arbeitstag wohl, und das Gefühl der Anstrengung lässt langsam nach. Vielleicht müssen Sie gerade Leid durchleben, weil Sie dabei sind, etwas Wichtiges in diese Welt zu bringen. Dann kann man davon sprechen, dass es der Schmerz Ihrer Anstrengungen ist, dem Sie nicht aus dem Weg gehen können, bis die Angelegenheit beendet ist. Vor Gott oder vor Mutter Natur sind alle Menschen gleich. Kleine Tricks, die Sie versuchen, ändern nichts an Ihrer Situation. Akzeptieren Sie Ihr Schicksal und warten Sie, bis der Sturm vorüber ist, denn alles kommt zu einem Ende, ob früher oder später.

Die Zeit bleibt nicht stehen, obwohl die Menschen das oft nicht sehen können. Bitte geben Sie Ihre Hoffnung nicht auf, denn Sie können nicht wissen, wann die gute Nachricht Sie erreicht; vielleicht kommt sie schon morgen.

Es ist auch keine gute Idee, den Wohnort oder Arbeitsplatz zu wechseln, wenn man unglücklich ist. Gute und schlechte Dinge geschehen in einem ständig wiederkehrenden Kreislauf, so wie der Wechsel der Jahreszeiten. Vielleicht befinden Sie sich gerade in einem Winter Ihres Lebens und warten auf den warmen Frühling – doch Sie möchten sicherlich nicht in einen Schneesturm geraten. Halten Sie sich also noch zurück und warten Sie, bis bessere Zeiten kommen. Geduld ist der Schlüssel, um erfolgreich mit allen Schwierigkeiten fertig werden zu können.

Wenn Sie das Gefühl haben, Ihre Entbehrungen nicht länger ertragen zu können, dann bitten Sie Gott oder Ihre Schutzengel um Hilfe und sagen Sie Ihnen, Sie hätten genug gelitten.

Haben Sie etwas Wichtiges verloren, dann betrachten Sie es als Zeichen für einen Wendepunkt. Seien Sie auf eine deutliche Veränderung in Ihrem Leben vorbereitet.

Beneiden Sie andere Menschen niemals um ihr Glück. Sagen Sie nie etwas Schlechtes über andere Menschen. Wenn Sie Ihren Ärger loswerden wollen, dann tun Sie es auf positive Weise, denn sobald

Sie an jemanden denken, wird Ihr Hado sofort an diese
schickt. Tun Sie niemals etwas mit einer schlechten A
Hintergrund, denn Sie setzen damit schlechtes Hado frei.
len sicher nicht, dass es zu Ihnen zurückkehrt. In manche
kann es auf Ihre Lieben zurückfallen, und Sie möchten be
nicht, dass sie unter Ihren schlechten Absichten zu leiden hab

Hado zieht gleiches Hado an. Wenn Sie negatives Hado
werden Sie auch negatives Hado anziehen. Haben Sie Mut
seien Sie positiv, wann immer Sie können, und positives Hado
zu Ihnen kommen.

Abschließend möchte ich Ihnen noch sagen, dass ich meine Hado-Kraft auf dieses Buch übertragen habe. Wann immer Sie das Gefühl haben, meine Hilfe zu benötigen, lesen Sie bitte wieder dieses Buch. Sie werden dadurch mit mir verbunden und Ihren Weg finden, wenn Sie meine Hado-Kraft erhalten haben.

ANHANG

TIPPS FÜR HADO-ÜBUNGSGRUPPEN

Jetzt, da Sie dieses Buch gelesen haben, möchten Sie vielleicht selber in Kontakt mit Ihrer eigenen Hado-Kraft kommen. Vielleicht finden Sie es hilfreich, dazu Austauschtreffen mit Interessierten zu organisieren, denn das Üben in der Gruppe ist oft ein wirksamerer und leichterer Weg, um Ihre potenzielle Kraft weiterzuentwickeln. Wenn Sie z. B. jemanden in Ihrer Gruppe erleben, der erfolgreich den Geschmack von Wasser verändert hat, dann werden Sie denken: „Nun, wenn dieser Mensch es kann, dann kann ich es auch!" Dieses Gefühl wird die Mauer Ihrer geheimen Skepsis (die, ohne dass Sie es beabsichtigen, Ihr Herz blockiert) beseitigen und helfen, Ihre verborgenen Fähigkeiten zu entwickeln.

Die folgenden Vorschläge können Ihnen helfen, wenn Sie eigene Übungsgruppen organisieren möchten.

1. Der Zweck einer Übungsgruppe besteht für alle Teilnehmer darin, durch gegenseitige Unterstützung ihre Hado-Kraft zu entwickeln.
2. Finden Sie einen für alle akzeptablen Zeitpunkt, wann Sie sich treffen und wie lange das Treffen dauern soll. Bei den meisten

Menschen reicht die Konzentration maximal ein bis zwei Stunden. Wenn Sie Anfänger sind, reicht es, für dreißig Minuten zu üben. Benachrichtigen Sie einen anderen Teilnehmer, wenn Sie zu spät kommen oder überhaupt nicht teilnehmen können.

3. Wechseln Sie den Ort des Treffens. Öffnen Sie vor jedem Treffen alle Türen und Fenster und benutzen Sie, wenn möglich die Klimaanlage, um die Luft auszutauschen.

4. Alle Teilnehmer sollten dieses Buch gelesen haben, bevor Sie an einer Gruppe teilnehmen, damit sie das Konzept und die Natur von Hado verstehen. Beginnen Sie mit den Übungen aus Kapitel 4: „Entwickeln Sie Ihre Hado-Kraft". Zögern Sie nicht, die Übungen nach Ihren Vorstellungen zu verändern. Das Wichtigste ist, dass Sie die Übungen regelmäßig in der für Sie angenehmsten und zweckmäßigsten Weise durchführen.

5. Während Sie Fortschritte machen, sprechen Sie über Ihre Erfahrungen und Wahrnehmungen mit Hado. Denken Sie daran, dass jeder diese Energie anders wahrnimmt und es in diesem Zusammenhang kein Richtig oder Falsch gibt. Entdecken Sie in den Gesprächen Ihre Stärken und Schwächen.

6. Sprechen Sie über alle Zeichen, die Ihnen begegnen. Sprechen Sie darüber, was Ihnen die Zeichen Ihrer Meinung nach sagen wollen.

7. Respektieren Sie die Vertraulichkeit aller persönlichen Dinge, die in den Gesprächen ausgetauscht werden.

WICHTIG ZUR ERINNERUNG

- Verwenden Sie Hado niemals für negative Zwecke, und sei der Anlass noch so gering.

- Wenn Sie nicht in guter Verfassung sind oder sich krank fühlen, nehmen Sie sich eine Auszeit. Sorgen Sie als erstes dafür, dass Sie Ihre Kraft wiedergewinnen, denn die Anwendung der Hado-Kraft erfordert sehr viel Lebensenergie.

- Wenn Sie Ihre Heiltechnik bei anderen Menschen anwenden möchten, ist es sehr wichtig, dass die Betreffenden vorher einen Arzt aufsuchen und ihren Gesundheitszustand untersuchen lassen, bevor Sie mit Ihrer Arbeit beginnen.

- Öffnen Sie alle Türen und Fenster, bevor Sie irgendeine Form von Energiearbeit machen.

Es gibt keine festgelegten Regeln dafür, wie Sie Ihre Hado-Kraft entwickeln sollen. Bitte gehen Sie es leicht an und haben Sie viel Spaß bei Ihren Übungen.

Wenn Sie bei Ihren Übungen etwas erleben sollten, was Sie mir mitteilen möchten, dann schreiben Sie mir bitte an folgende Adresse:

Toyoko Matsuzaki c/o Beyond Words Publishing

20827 N.W. Cornell Road, Suite 500 Hillsboro, OR 97124-9808 USA

oder senden Sie mir eine E-Mail über meine Website www.hadopower.com.

EINE BOTSCHAFT DER AUTORIN

Wenn Sie krank sind oder einen Schmerz im Körper spüren, legen Sie Ihre Hand auf die betroffene Stelle und visualisieren mich. Es wird Ihnen besser gehen.

Wenn Sie Ihr Leben ändern müssen oder das Gefühl haben, dass kein Hoffnungsschimmer mehr zu sehen ist, visualisieren Sie mich. Sie werden einen Ausweg finden.

Vielleicht erkennen Sie die Veränderung sofort, oder Sie müssen vielleicht warten, bis Sie sie spüren – doch die Veränderung beginnt, sobald Sie dieses Buch lesen.

Sie mögen es vielleicht unglaublich finden, doch Sie können Ihre Bürde verringern, indem Sie mich kennen lernen.

Ich habe meine Hado-Kraft auf dieses Buch übertragen.
Es wird Ihnen die Kraft geben, Ihr Leben zu verbessern.

Toyoko Matsuzaki

Toyoko Matsuzaki ist HADO-Meisterin und arbeitet seit 22 Jahren in einer beratenden Funktion in Japan, Taiwan und inzwischen auch immer mehr in den USA. Ihre Klienten sind u. a. Geschäftsleute, Makler, Künstler, Musiker, Ärzte, Anwälte und Schauspieler.

Durch ihren Beruf als Sängerin war Toyoko Matsuzaki prädestiniert, die Schwingungen von HADO wahrzunehmen. Sie studierte Gesang am Musashino Academia Musicae College und war Mitglied der Kansai Nikikai Opera Company, einem der renommiertesten Opernensembles in Japan. Inzwischen tritt sie nicht mehr öffentlich auf, gibt aber weiterhin Gesangsunterricht.

Natsumi Blackwell ist professionelle Übersetzerin und lernt seit zwei Jahren HADO bei Toyoko Matsuzaki. Sie lebt in New York.

Erkenntnisse aus Atlantis
Wandlung durch neue Energiemuster - Kristallheilung
von Frank Alper, 136 S.
ISBN 3-926388-19-6
14,5 x 21 cm, Euro 18,400

Entschlüssele Deine Träume
von Stephan Schumann
164 Seiten, broschiert
ISBN 3-926388-48-X
15 x 21 cm   € 13,29

Karma Auflösen
von Joanna Cherry, 253 S.
ISBN 3-926388-47-1
14,8 x 21 cm, Euro 15,24

Du bist MIND
Heilweisen für das 3. Jahrtausend
von Frank Alper
214 Seiten, gebunden
ISBN 3-926388-52-8
14,8 x 21 cm, Euro 15,24

Das Lebenselixier
von Edward Bulwer-Lytton
metaphysischer Roman
432 Seiten, gebunden
ISBN 3-926388-50-1
14,5 x 21 cm, Euro 15,24

Die Zauberformel des Wünschens
von Vernon M. Sylvest
176 Seiten, gebunden
ISBN 3-926388-53-6
15 x 21,5cm   € 15,24

Der geistige Weg zum Überleben
von Brunhild Börner-Kray
368 S., broschiert
ISBN 3-926388-68-4
11,5x18 cm   € 18,00

Heilbuch der Schamanen
von Felix R. Paturi
Mit Trommel-CD
272 S., 34 Farbbilder, geb.
ISBN 3-926388-72-2   € 29,90

Babadschi - Botschaft vom Himalaya
von Maria Gabriele Wosien
erweiterte 5. Auflage, 135 S.
ISBN 3-926388-00-5
11,5x18,5cm, Euro 10,10

Babaji - Pforte zum Licht
Ein Erlebnisbericht
von G. Reichel, 168 S.
ISBN 3-926388-12-9
14,5 x 21 cm, Euro 10,10

Neue Therapien
mit Bachblüten, ätherischen Ölen, Edelsteinen, Farben, Klängen, Metallen
von D. Krämer und H. Heimann
144 Seiten, gebunden
ISBN 3-926388-65-x € 14,00

Kontakte mit Körperzellen
von Dorothea Geradis-Emisch
94 Seiten, gebunden
ISBN 3-926388-62-5   € 13,30

Tierisch gute Gespräche
von Amelia Kinkade
304 Seiten, gebunden
ISBN 3-926388-57-9
15,4 x 21,5 cm   € 18,41

Gespräche mit Tieren
Praxisbuch Tierkommunikation
von Penelope Smith
200 Seiten, gebunden
ISBN 3-926388-69-2
15 x 21 cm   € 18,50

G. Reichel Verlag, Reifenberg 85, D-91365 Weilersbach, Tel. 09194-8900, Fax 09194-4262
Internet: www.reichel-verlag.de   -   **e-mail:** info@reichel-verlag.de